股权设计丛书
Equity Design Series

职场精英的股权激励课

宋桂明　徐诗豪 编著

EQUITY
CLASSES FOR
EXECUTIVES

浙江工商大学出版社 | 杭州
ZHEJIANG GONGSHANG UNIVERSITY PRESS

图书在版编目(CIP)数据

职场精英的股权激励课 / 宋桂明,徐诗豪编著. —
杭州:浙江工商大学出版社,2025.3
ISBN 978-7-5178-4596-6

Ⅰ.①职… Ⅱ.①宋… ②徐… Ⅲ.①股权激励—研
究 Ⅳ.①F272.923

中国版本图书馆 CIP 数据核字(2021)第 151689 号

职场精英的股权激励课

ZHICHANG JINGYING DE GUQUAN JILIKE

宋桂明　徐诗豪　编著

出 品 人	郑英龙
策划编辑	王　英
责任编辑	王　英
责任校对	韩新严
封面设计	王妤弛
责任印制	包建辉
出版发行	浙江工商大学出版社
	(杭州市教工路198号　邮政编码310012)
	(E-mail:zjgsupress@163.com)
	(网址:http://www.zjgsupress.com)
	电话:0571-88904980,88831806(传真)
排　　版	杭州朝曦图文设计有限公司
印　　刷	杭州宏雅印刷有限公司
开　　本	880mm×1230mm　1/32
印　　张	12.25
字　　数	209千
版 印 次	2025年3月第1版　2025年3月第1次印刷
书　　号	ISBN 978-7-5178-4596-6
定　　价	68.00元

序

据传康熙下江南到镇江金山寺，看到江上船只熙熙攘攘，不禁询问身旁陪侍的高僧："长江之上甚是繁荣，一天往来多少只船？"高僧回答："两只船。"皇帝惊问："怎么会只有两只船？"高僧答道："来往船只，无非一只为名，一只为利。"

高僧的回答，堪称中国版的需求论。正在阅读本书的职场精英们，你们对工作的需求不外乎两方面：一是"利"代表的薪酬需求，二是"名"代表的身份需求。一般来说，老板与员工似乎是不可调和的两极：老板想要获得更多的利润，员工想要获得更多的报酬。二者目的不一致，行为就会不统一。

股权激励，就是一次通过调和双方目的，进而满足双方需求的重大机遇！

2014年，时任国务院总理李克强提出"大众创业、万众创新"的口号后，一股创业浪潮席卷全国。股权激励作为公司创业过程中

1

吸纳人才的有效途径,已经人尽皆知。笔者曾经见证了许多白领凭借股权激励,摇身一变成为公司高管,进而实现财富自由。当然,笔者也看见过一些高管在参加股权激励时没有注意风险,最后导致颗粒无收甚至倒赔公司的案例。

大多数职场精英对于股权激励,往往处于一知半解、似懂非懂的状态,这其实是危险的:收益好像就在那里,却总拿不到;风险好像就在这里,却总躲不过。大家缺少的,是一本为你们量身定制的股权激励指津秘籍!这就是笔者写作本书的初衷。

本书根据笔者15年来股权激励服务项目的实践经验,以及大量培训、讲座中所积累的素材,总结、提炼职场精英在面对股权激励时普遍存在的疑难问题及个性需求,以期为读者朋友提供一些有益的帮助。

本书分为8章。在每一章中,笔者以通俗易懂的文字描述职场精英们最关心的股权激励问题,同时配套翔实的案例与相关的图表做支撑说明,以帮助读者破除迷雾,避开陷阱。在最后的附录部分,笔者提供了多个股权激励法律文书模板,供读者参阅。

卷首语

如果说人性的阴暗面我们难以想象，也不想涉足，那么就只能通过规则和制度去遏制。唯有如此，彼此之间才能建立信任。股权激励亦是如此。如果不能事先确定游戏规则，那么你的收益就仿佛空中楼阁、镜花水月，而你所面临的风险也将随之陡增，最终使你万劫不复。

只有规则和制度才能遏制人性的阴暗，只有规则才能建立信任。所以，创业之初，就要定好规矩，形成契约精神。

C目 录
Contents

目 录

第 1 章

为什么学习股权激励迫在眉睫,股权激励到底是什么

为什么学习股权激励迫在眉睫,股权激励到底是什么

有这样一则寓言故事,金尾雏鸡和红尾雏鸡出生在同一个巢里,又被同一个猎人捉住,关在了同一个鸟笼里。鸟笼虽小,但两只小鸡每日无须为食物发愁。红尾雏鸡饱食终日,身形臃肿。金尾雏鸡劝其节制、学习飞行,但红尾雏鸡嘲笑金尾雏鸡:关在鸟笼子里,飞行没有意义,还不如每天吃饱。金尾雏鸡无奈地摇摇头,每天依然坚持在笼中练习飞行动作,把一对翅膀打磨得强劲有力。红尾雏鸡则每每垂下眼帘,舒舒服服地晒太阳。有一天,一个小孩子把鸟笼打开了,金尾雏鸡凭着一对强劲有力的翅膀迅速冲出鸟笼飞回了山林,而红尾雏鸡想飞却飞不动,仍被关在鸟笼里。

了解股权激励,能帮助大家顺应职场发展的趋势。当前,我们

的职场发生着极大的变革,正如雷军所说的,"雇佣时代已经结束,合伙人时代已经到来"。无论我们是否对股权激励感兴趣,在时代的推动下它已经悄然成为当今职场的"标配"。毫不夸张地说,学习股权激励如鸟儿习飞一般俨然成为职场中的一门必修课,只有掌握这一技能,才能抓住转瞬即逝的机会一飞冲天。

是"造富神话"，
还是"世纪骗局"

面对公司给出的"股权激励大礼包"，部分员工也许会热血沸腾，仿佛那些听过的"造富神话"即将上演在自己身上。但冷静下来，或许我们会有所顾虑，担心那些口耳相传的"激励陷阱"也会将我们在职场辛苦积累的财富一同"收割"。股权激励究竟是"造富神话"还是"世纪骗局"？该如何判断？

○ 身家几十亿的"前台"，原始股的造富神话

童文红，阿里巴巴资深副总裁、菜鸟网络董事长，曾任集团首席人力官（CPO）。她于2000年进入阿里巴巴，当时的工作是前台接待。她被称为阿里巴巴"最励志"的合伙人，在她身上我们能真正看到股权增值进而获得收益的巨大魔力。

在阿里巴巴还未上市时,马云在公司内部分配股权,童文红分到了0.2%的股权。我们暂且撇开这么多年数以万计的分红。阿里巴巴上市前的注册资本为1 000万元人民币,于2014年9月19日在纽约证券交易所上市,确定发行价为每股68美元。根据2018年7月2日的收盘价,每股186.36美元,市值达到4 800.55亿美元。根据2018年的汇率,公司上市前的1元原始股变成了318 602元。再看童文红,其所持有的0.2%的股权,市值已达63亿元人民币。从月薪500元到63亿元身家,这是多么令人震撼的财富激增![1]

阿里巴巴有股权激励的传统,其股权激励计划也被誉为"员工造富运动"。在2019年第一季度,阿里巴巴的收入实现了61%的增长,领先Facebook、Amazon、Netflix、Google,也超过腾讯和百度。而同季度阿里巴巴的股权激励开支达到163.78亿元人民币,比2018年同期增长了308%,这一数值创下阿里巴巴集团上市以来的最高纪录,也是截至2019年3月中国企业最高的单季股权激励开支,可以说阿里的股权激励是力度最大、额度最高的。

同样通过股权激励实现"造富神话"的还有小米集团。根据小

---

[1] 阿里前台小妹如今竟成女总裁,只因马云曾给她0.2%股权,改变一生,https://www.sohu.com/a/205414200_100058827。

米提交给港交所的招股说明书(如图1-1-1所示),截至2018年3月31日,小米共有员工14 513名,其中5 500人持有股票期权。2017年末,小米未行权的股票期权近1.9亿股,每股价格为1.05美元,如果按照每股40美元的估值计算,该1.9亿股权获利额就应该是74亿美元,平均到每名员工身上是135万美元。考虑到内部持股差异,再根据网络消息,小米前1 000名员工的身家都会超过1 000万元人民币。

	購股權數目	每份購股權平均行使價(美元)
於2015年1月1日尚未行使	146,847,659	0.45
年内授出	12,085,083	3.32
年内沒收	(3,537,630)	2.30
年内行使	(4,507,719)	0.14
於2015年12月31日尚未行使	150,887,393	0.65
於2015年12月31日可行使	119,776,247	0.14
於2016年1月1日尚未行使	150,887,393	0.65
年内授出	17,343,935	3.44
年内沒收	(5,399,568)	2.73
於2016年12月31日尚未行使	162,831,760	0.88
於2016年12月31日可行使	132,535,397	0.27
於2017年1月1日尚未行使	162,831,760	0.88
年内授出	31,940,400	2.26
年内沒收	(5,016,849)	3.07
於2017年12月31日尚未行使	189,755,311	1.05
於2017年12月31日可行使	146,410,089	0.37

截至2015年、2016年及2017年12月31日,尚未行使購股權的加權平均剩餘合約期限分別為6.19年、5.55年及5.17年。

图1-1-1 小米招股说明书

创立仅3年的拼多多于2018年7月26日在美国纳斯达克证券

市场正式挂牌交易。上市当日,拼多多表现抢眼,开盘价为每股 26.5 美元,较发行价每股 19 美元上涨了 39.47%。截止到当日收盘,每股上涨了 7.8 美元,为 26.8 美元,较发行价上涨了 41.05%。据拼多多披露,持有公司原始股的仅为公司高管,他们的财富因公司上市而激增。

○"赔了夫人又折兵",股权激励是骗局吗

不是每家公司都是阿里巴巴或者小米。面对股权激励,身边或许会有人说:"股权激励只是公司招聘或者留人的话术,就是在忽悠你。"不可否认,许多企业乃至知名企业,它们的股权激励最终以失败告终,但这并不意味着所有的股权激励都是洪水猛兽,要通通拒绝。我们可以从失败的案例中学会甄别乃至编辑股权激励中的"失败基因"。

[案例]

"为梦想窒息"的股权激励清零事件

2015 年 11 月,乐视进行了一场史上最慷慨的股权激励(如表 1-1-1 所示),即拿出乐视控股(全球)原始总股本的 50%,将其作为激励股权给予员工,原则上不需要员工出资购买;并建立鑫乐资产

管理(天津)合伙企业(有限合伙)(简称"鑫乐资产"),将其作为这
次股权激励的持股平台。①

表1-1-1　乐视股权激励计划

项　目	第1期	第2期	第3期
实施时间	2011年9月公布,10月授权	2013年8月公布草案修正案,当月授权	2015年9月公布草案修正案,11月授权
激励形式	股权期权,定向发行,分4期行权	股权期权,定向发行,分4期行权	股权期权,定向发行,分4期行权
激励总量	649.3万股,占当时总股本2200万股的2.951%	1588.4万股,占当时总股本79420万股的2%	1856万股,占当时总股本185601.52万股的1%
激励范围	共计260人(含董事会秘书、财务总监等2名高管)	共计400人(含副总经理、董事会秘书等3名高管)	共计360人(含副董事长、副总裁、董事会秘书等3名高管)
行权价格	29.17元	12.27元	38.84元
有效期	5.5年	5年	5年

---

① 乐视内部邮件流出 "最慷慨"全员股权激励正式启动,https://
finance.eastmoney.com/a/20151119567218670.html。

续表

项　目	第1期	第2期	第3期
激励情况	前4期均达到行权条件。若以2015年5月最高市值1 526.57亿元测算,人均收益超过1 900万元;然而根据目前的市值,人均收益仅超过280万元	前2期均达到行权条件。2017年7月,受重大资产重组延期复牌事项影响,第3次行权期延长至股权复牌后30个交易日内。若以2015年5月最高市值1 526.57亿元测算,人均收益超过140万元;然而根据目前的市值,人均收益仅超过20万	尚未行权

　　但是,乐视债务危机愈演愈烈。2016年1月13日,融创中国宣布150.41亿元入股乐视,其中包括乐视致新引入79.5亿元投资增发的33.5%的股权,而这当中就有鑫乐资产所持有的乐视致新的15%的股权。这意味着,员工持股平台的股权全部被卖出,但转让股份所得的资金并未归员工所有。

　　乐视方面对此给出的解释是,本应将乐视控股所持有的乐视致新股权转让给融创中国,但因为该股权处于质押状态,无法动用,所以贾跃亭临时借用员工持股平台鑫乐资产持有的乐视致新的股权以完成交易。贾跃亭对公司员工承诺:未来赎回质押股权后会还给鑫乐资产。但该部分质押股权事实上已经被轮番冻结,且其从融创中国获得的股权转让款也没有赎回这笔股份,股权激励惨遭清零。

有人将乐视股权激励的失败归咎于以有限合伙企业为股权激励持股平台的组织形式。他们认为在该组织形式下仅普通合伙人经营与管理合伙企业事务,而有限合伙人无权参与合伙企业的经营与管理,这导致普通合伙人即便持有极少数的合伙企业财产份额,也能完全控制合伙企业,处置合伙企业的全部资产,有可能损害作为激励对象的不同合伙人的权益。但我们认为,有限合伙企业作为最为常见的持股平台之一,在维持公司股权架构及稳定控制权的同时,能够高效地扩充股东人数、隔离公司风险、提升激励股权的利用效率等,具有无可非议的优势。蚂蚁金服、绿地集团等诸多成功企业也都将有限合伙架构模式作为其股权激励持股平台的首选(关于有限合伙持股平台我们会在之后的章节中详细介绍)。因此将乐视股权激励的失败完全归咎于有限合伙的组织形式,有失公允。

综观乐视股份激励清零的全过程,除了其本身的经营和商业模式问题外,我们认为乐视股权激励的失败还可能源于以下几点:

第一,在错误的时间发起了错误的股权激励。

2015 年, 乐视债务危机已初现端倪。据报道, 从 2015 到 2016 年 9 月, 乐视手机业务的亏损额高达 82.2 亿元, 虽然此时乐视的市值依然坚挺, 但其背后不健康的财务状况, 必将对公司发展前景产生一定影响, 而乐视却在此时进行大规模的股权激励。乐视内部人士透露, 自 2015 年 11 月起, 乐视致新、乐视云、乐视体育等乐视系公司给员工发放的大部分年终奖、奖金都是原始股。乐视是希望通过此次股权激励, 即以股权支付的方式降低其财务成本, 而这种激励目的显然是不完美的。

不同企业进行股权激励的目的各不相同, 但将减少公司的资金压力作为其进行股权激励的唯一目的, 有违股权激励致力于实现员工利益与公司利益共赢的底层逻辑。如果单纯从公司利益出发, 以公司利益为唯一的目的, 那么这种股权激励对员工的激励效果不佳, 对公司发展无益。如果股权激励最终以失败告终, 就会让员工丧失对企业的信任, 产生信任危机。

第二, 股权激励的门槛过低, 并未起到真正的激励作用。

乐视此次进行的股权激励虽然"慷慨大方", 但是其激励的门槛过低, 未能发挥出真正的激励作用。根据乐视所发布的股权激励通知, 我们可以了解到, 激励对象要获得乐视的股权需具备以下条件:

1. 在上一个考核期绩效为 B 及以上的正式员工。

2. 对乐视生态文化、价值观、愿景高度认同。

3. 在职期间无重大违规、违纪、贪腐等行为。[①]

免费授予——这种大锅饭式的福利性激励方式,使得乐视完全无法筛选出真正的人才,也无法对激励对象形成有效激励,最终无法实现公司与员工的共赢。

第三,股权激励的执行方式缺乏保障。

随着对该事件的持续关注,我们看到了自称乐视激励对象的爆料,发现乐视主要采用3种股权激励方式:第1种是口头承诺,第2种是和贾跃亭签订股权代持协议就激励股权进行代持,第3种是设立持股平台。

下面就这3种方式进行分析。首先,口头承诺,因为没有协议支持,对于激励对象而言权益难以得到保障。其次,同贾跃亭单方签订股权代持协议的执行方式。先不考虑贾跃亭所持有的股权被

———————————

[①] 乐视内部邮件流出　全员股权激励正式启动, https://tech.huanqiu.com/article/9CaKrnJRABf。

大量质押及冻结,无法将相关权益最终让与激励对象的情况。在本次股权激励清零事件曝光后,有自称乐视员工的网友爆料并晒出相关股权代持协议,上面居然没有贾跃亭的签名。如果该消息属实,也就是说相关激励股权的授予根本没有形成有效的法律文件,那么该协议从法律上无法对激励对象形成有效的保障。最后,关于持股平台的激励方式。乐视股权激励持股平台鑫乐资产所登记的合伙人仅有张榕和乐视互联科技发展(北京)有限公司,而乐视互联科技发展(北京)有限公司当时仅有赵凯、张榕2名自然股东持股,激励对象的权益根本不能实现,也就是说直至乐视将持股平台所持股权全部卖出,激励对象从法律上也无法得到相应的保障。

正如中医讲究"形与神俱",股权激励如果只有良好的愿景与说辞,在执行方式上对激励对象并没有任何保障,这样的股权激励注定以失败告终。

[案例]

中关村在线与员工股权纠纷案

2000年3月,中关村在线与一些技术骨干分别签订了劳动合同,并在合同中设置了股权激励条款:"乙方工作满12个月后,可以获得甲方分配的股权8万股;自乙方获得第一笔股权之日起,乙方每工作满一年可以获得甲方分配的股权8万股。如果甲方在乙方获得第一笔股权期满之前上市,乙方可以提前获得第一笔甲方分配的股权。"股权激励实施后效果显著,签订合同的员工都继续留在公司,中关村在线进入平稳发展期。

2004年10月,美国网络公司CNET以1 500万美元收购中关村在线。几名员工得知后一直和中关村在线联系,要求兑现当初的承诺,但公司回避。同年11月,这几名员工向海淀区仲裁委员会提出劳动仲裁请求,被仲裁委驳回;后员工向海淀区人民法院起诉,最终败诉。

本案发生时间较早,因无法检索到相关裁判文书,具体的仲裁理由及法院判决我们无从得知。但是根据中关村在线与员工所约定的股权激励条款,我们可以对这次股权激励总结如下:

第一,股权激励是否成功有赖于相关条款是否明确且可被执行。

在本案中,中关村在线同员工所约定的股权激励条款看似清晰,实则并不明确。比如说激励股权的数量8万股,由于当时中关村在线并非股份有限公司,该8万股无疑是公司自行划分的虚拟股份,如果说要授予员工8万股,那么公司的总股本是多少?这8万股占公司总股本的比例是多少?这8万股是通过公司增资还是股东转让的方式实现?凡此种种,该协议均没有明确约定,以致最后产生纠纷,员工的权益难以实现。

第二,明确股权激励协议的签订主体。

激励股权的来源不同,股权激励协议的签订主体也有所差异。如果激励股权由原股东转让,那么股权激励协议应当由原股东与激励对象签署;如果激励股权由公司通过增资的方式实现,考虑到公司增资必须经过公司股东会决议通过,且为确保协议效力,那么股权激励协议应当由公司及现有股东同激励对象一起签署。

仅仅由公司同股权激励对象签署的法律文件存在极大的风险,将导致股权激励协议存在效力上的瑕疵,甚至是无效。

第三,股权激励匹配相应的内部决议流程。

激励股权的来源不同,股权激励的程序也应当匹配不同的内部决议流程。如果激励股权来源于公司增资,那么股权激励计划应当经过公司全体股东同意,并且在实施时匹配相应的股东会关于增资的决议,并由原股东放弃对新增注册资本的优先认购权。如果激励股权来源于原股东转让,除股权激励计划应当通过公司内部决议流程外,在实施时还应当由原股东作出决议,同意该部分股权的对外转让并放弃优先认购权,只有这样才能确保激励对象受让相应的激励股权。股权激励的内部决议流程如图1-1-2所示。

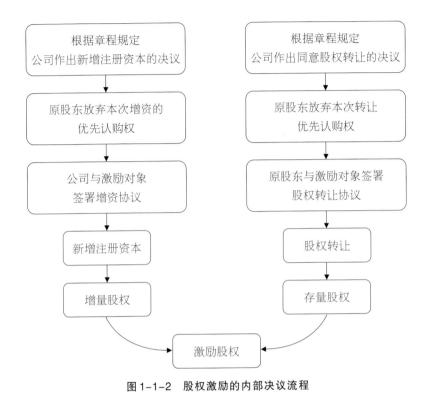

图1-1-2　股权激励的内部决议流程

由此可见,股权激励并不简单,它可能是财富激增的重要途径,也可能是企业主随手一画、无法实现的"空头支票"。究其根源,在于股权激励是一个复杂的系统,有效的股权激励绝非通过简单的协议条款就能实现,必须匹配完备的法律程序及清晰具体的法律文件,只有这样才能保障激励对象的利益。

股权激励就是合伙创业

与股权激励相伴的通常是"共享财富""同舟共济""风险共担"等,其背后所反映的就是一种合伙创业的精神,这是对股权激励最好的诠释。

○ 合伙创业的本质是什么

众所周知,如今凭借一己之力创业几乎无法成功。即便创业者的个人能力再强,也是孤木难撑。创业者必须借助其他人的技术、管理、运营能力等,才能成功。所以创业者必然要吸引更多的人一起干这一件事,而这必将涉及合伙创业。

合伙创业是一个融智共赢的过程。传统创业模式多采用"一言堂"的决策机制,而在合伙创业中,合伙人就决策事项有商有量,汇集各方智慧,这是企业从"资合"走向"人合"的过程。公司经营、发展的走向不再仅由资本投票决定,而是由这个事业共同体里的人集体决策。这种方式可以有效优化公司的治理结构,提升公司决策的科学性。

合伙创业是最大化利用创业资源的过程,通过将具有相同经营理念的人组织起来,建立事业共同体;将人力资本与物质资本结合起来,共同推动企业的创新与发展。合伙创业的本质如图1-2-1所示。

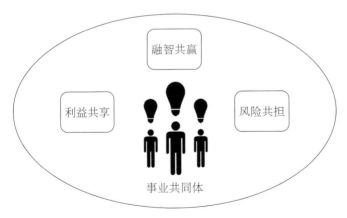

图1-2-1 合伙创业的本质

合伙创业是一个促进个人与企业不断创新、突破的过程。在合伙创业中,对于合伙人而言,其本身就需要具备不断自主驱动、自我突破的能力和精神,此外,合伙人还需要具备与他人协商、融合的能力,进而促使整个创业团队不断进步,推动企业的发展。

合伙创业的精神就在于将拥有共同目标的人凝聚在一起打造一个事业共同体,齐心协力,融智共赢。这是一种公司、老板与员工相互关联的理想模式,也是组织机构发展到一定程度所形成的良好境界。公司首先是一个责任共同体、利益共同体,每一个人都有最基本的责任与利益。员工如果仅仅是拿着薪水的打工者,那么可能会出现"当一天和尚撞一天钟"的情况。管理者如果没有监督,员工就可能不再尽职。实际上这就是没有把员工纳入事业共同体中,没有把员工当作共同创业的合伙人去看待。在这种情况下,员工并不会将企业看作自己的事业,更不会在个人利益与公司利益发生冲突时牺牲个人利益,这样的组织机构无疑是松散的,没有战斗力的。在合伙创业的模式下,员工与公司的利益实现捆绑,目标高度一致,一荣俱荣、一损俱损。这样,合伙创业的精神才能得到体现。这就是我们所说的合伙创业的核心逻辑,如图1-2-2所示。

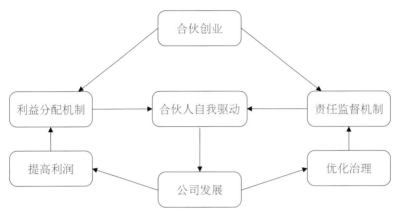

图 1-2-2　合伙创业的核心逻辑

○ 股权激励在合伙创业中的作用

正如前文所述,为了实现"名利双收",实现自己的人生价值,越来越多的职场精英在积累到一定的工作经验与资源之后,会选择辞职创业。这种想法不难理解。

随着时代的发展、员工价值观和生活观的转变,公司、老板、员工三者之间的关系也在悄然发生改变。如果说三者在劳动关系上并非单纯的管理和被管理的关系,而是因同一事业而走到一起的独立个体相互影响的关系,那么工作不只是单纯地打工赚钱,更是为了在精神层面获得满足,这样合伙创业的前提便会达成。这时候,股权就发挥了它的关键作用。股权作为合伙创业的合作载体,既明确了各个合作方在创业过程中的权利与义务,又将公司利益与个人利益捆绑起来,让创业回报成为可能。这种合伙创业体现了员工从追求物质奖励到精神满足再到利益捆绑的巨大转变,如图1-2-3所示。

图1-2-3 股权激励在合伙创业中的作用

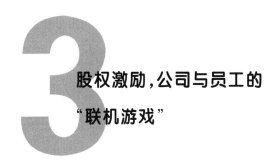

3 股权激励，公司与员工的"联机游戏"

了解了股权激励，参与激励的广大员工就可以从本质上判断风险。正如世界上没有两片完全相同的树叶，世界上也不存在两家完全相同的企业。企业因各自的发展程度与需求不同，对于开展股权激励就有不同的初衷与方法。基于良好的初衷与科学的方法开展的股权激励将是一场真正意义上的"员工造富运动"，反之则会变成一个填埋双方前景的"深坑"。因此，员工如果对股权激励不够了解，那么将无法判断此时放在面前的股权激励究竟是一个"馅饼"，还是一个"陷阱"。

了解了股权激励，员工与公司可以实现共赢。股权激励从来不是企业主的"专利"，更不是一款只属于企业主的"单机游戏"。真正成功有效的股权激励，其背后的逻辑是通过释放股权获得公司发展所需要的资源与人才。股权激励注定不会只有一个玩家，而是一场玩家之间既有对抗又有合作的"联机游戏"，取得胜利的唯一标准就是实现双赢。这既是合伙人精神的体现，也是个人价值与公司价值相统一的必然要求。这意味着这场游戏离不开合作双方之间的良性互动，而实现良性互动的前提则是对游戏规则足够了解。所以，对于职场精英来说，股权激励注定是一门必修课，而我们的目标就是讲好这门必修课！

第 2 章

参与股权激励，员工必须
考虑的几个问题

狮子的力量大,而野驴跑得很快,狮子、野驴便合作狩猎。成功之后,狮子把猎物分成三等份,说:"因为我是万兽之王,所以要第一份;我帮你狩猎,所以我要第二份;如果你还不快逃走,第三份就会成为你丧命的原因。"

类似的故事发生在鳄鱼与水鸰之间。鳄鱼对口中死死咬着它的水蛭感到懊恼,于是爬上岸对水鸰说:"水鸰,你是否能用你的利喙为我啄掉这些水蛭。我不会让你白做的,我在牙缝中给你留了很多食物残渣,足以让你吃饱。我希望你能成为我长期的合作伙伴,让我们平等互利地合作下去。"水鸰开心地同意了,不仅是因为自己能得到果腹的美食,更关键的是得到了鳄鱼这样一个强大的合作伙伴。于是,水鸰每天都精心地为鳄鱼服务。

有一天,在水鹬为鳄鱼剔完牙后,鳄鱼问道:"水鹬,我的朋友,今天你吃饱了吗?"水鹬满足地回答道:"我已经很饱了,感谢您的知遇之恩!"鳄鱼则向水鹬抱怨道:"但是我很饿,我今天还没有吃午餐。"水鹬非常同情,但只能无奈地说道:"对不起,您一直给予我机会,让我摆脱了饥饿,可是我却没有一点儿办法帮助您。"鳄鱼说道:"千万不要这么说,你很有用,现在只有你能够帮助我。来,你再来给我看看里边这颗牙齿,这儿似乎还有一条水蛭!"水鹬小心翼翼地伸过头去。鳄鱼非常利索地把水鹬衔住了,连脚尖、尾巴都没有露到嘴外面。它不动声色地闭着嘴巴,并不担心它的朋友会挣扎或抗议。现在它十分警觉地侦察着四周,希望没有惊动可能同它合作的新伙伴。

这两则故事,或许也在我们身边上演过。有人说合伙创业就像结婚一样,是一辈子的事情。这句话说得一点儿也没有错。在进行股权激励的过程中,合伙人之间,合伙人与公司之间,虽不求"白头到老",但面对共同的目标与理想,也需要各方能够"相濡以沫""不离不弃"。因此,员工必须要对公司所在的行业、公司的盈利能力及企业文化等进行全面分析,以确定自己是否要参与股权激励。否则,就如同野驴与水鹬一样,当发现自己选择了错误的合伙人时,已经太晚了。

1

选择一个合适的行业，
长期奋斗

股权激励意在实现员工同公司长期利益的捆绑,因此,员工是否对自己所从事的行业足够热爱、足够认同,将影响其参与股权激励实现利益捆绑的决心。员工是否能在这一行业有所建树,绝非只凭主观的喜爱和认同就可以决定,还有赖于自己能否在行业中形成竞争力。当然,选择行业还有一个关键因素,就是行业的发展潜力与周期。本节将从员工在业内是否具备竞争力,所选择的行业处在哪一个周期、是否有爆发的机会等角度出发,综合探讨行业的选择。

○在行业当中是否具有足够的竞争力

公司在选择激励对象时通常会考虑激励对象的能力与不可替

代性。因此,要想参与公司的股权激励,或者希望在股权激励中获得更多的话语权,在具体方案制订与执行的过程中得到令自己满意的结果,关键在于提升自己在业内的竞争力。判断自己是否具有足够的竞争力,可以从以下几个角度考虑:

(1)专业能力

专业能力是员工在一家公司某一特定职位上所表现出来的专业素养,包括知识与技能等。专业对口且专业能力强的员工对于公司来说是不可替代的,或者是稀缺的。为了留住这些在专业上具有超强竞争力的员工,公司往往会选择他们作为重点激励对象,而这也意味着这样的员工在股权激励方案的制订上具有一定的"议价"能力。与之相反,专业能力较弱的员工由于平凡且可替代性强,往往在股权激励方案制订中没有话语权,甚至可能不在激励名单中。

(2)跨领域发展优势

如果某个员工的专业能力并不足以让他在岗位上形成有效的竞争力,但他具有跨领域发展的能力,这同样可以让他在行业内具有一定的竞争力。比如,一名软件工程师在软件开发与编程上的专业能力并不能达到行业的上游水平,但其以销售能力见长。他如果发挥这一优势,跨领域到销售岗位就职,利用自己的特长实现差异化竞争,就能提升自身价值,获得在行业中的竞争力,从而将在股权激励中取得有利地位。

综上所述,判断自己在行业中是否具备竞争力,可以从两个维度考虑:一是自己对于某一行业而言是否有"专业的深度",即是否已经具备运用对口专业解决问题的能力;二是自己是否有足够的"知识的广度",能够实现跨领域发展优势。如图2-1-1所示。

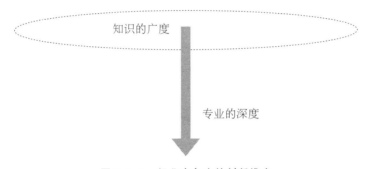

图2-1-1 行业竞争力的判断维度

总之,在选择行业时,我们一定要结合自身特点,最大限度地提高自身的价值及不可替代性,以获得在行业当中的竞争力,从而在股权激励中取得有利地位。

○ 所在的行业处于哪个时期

每个行业都有龙头企业,但不是每个行业都属于朝阳产业,因此在作出相应的决定前,员工必须对公司所处行业的发展前景有一定的考量。如果一个行业具备巨大的发展潜力,那就意味着这个行业值得持久性地投入与付出;如果一个行业已经稳定且持续一段时期后都不会有超越预期的发展,甚至是在衰退,那么我们的选择就要慎重。一般情况下,可以从以下发展时期进行判断。

(1)成长红利期

成长红利期一般是指一个行业因为社会普遍性需求激增,大多数从业企业都能获得较好的发展的时期。比如说互联网的普及带来的电子商务、处理器技术的提升带来的智能手机、移动通信技术的发展带来的自媒体等企业。

这个时期的行业特点是存在巨大的市场需求、入行的门槛较低、发展空间较大,绝大多数企业都能在行业内立足。如果一个行业正处这个时期,那么它在短期内将有较大的发展空间,但这并不意味着处在成长红利期的企业就具有长期发展的潜力。如果同行较多,且入行门槛持续较低,那么成长红利期往往较为短暂,且在此期间企业的竞争压力极大。如果正处在这样的行业中,那就意味着企业可能会享受到行业爆发所带来的巨大红利,当然也可能会被激烈的竞争所击溃。

员工在这一时期参与股权激励,风险是最大的,因为企业很可能会被淹没在激烈的竞争之中。当然,这一时期企业的估值往往偏低,如果所在企业一旦在竞争中崭露头角,那么激励对象所获得的回报也是最大的。根据我们的实务经验,在这一时期由于行业尚在发展中,公司的股权激励往往会倾向于具有很强的专业能力的少数核心人员,给予他们较多的激励股权,以期形成竞争优势。如果这些人员正巧是行业内的技术型高端人才,那么这是他们与公司沟通以获得更多权益的较好时机。

(2)寡头期

在行业寡头期,往往有一个寡头带动整个行业的发展。寡头一般有核心能力优势及先发优势,能够在一段时期内把持行业内超过30%的市场。当然,有的行业没有寡头,有的行业没有长期固定的寡头。

这个时期的行业特点是,寡头占有相对较多的市场份额(而非寡头企业数量较多),且竞争压力较大。如果处在这样的行业中,可能短时间内的竞争较为激烈,行业的洗牌效应也会加强。

这一时期,寡头企业与非寡头企业往往会给出较好的条件进行股权激励,以期留住或吸引人才从而抢占市场的高地,建立起行业标杆。根据我们的实务经验,这一时期公司在激励对象的选择范围上会更广,而且较技术能力而言往往更重视其忠诚度。同时考虑到行业竞争的客观条件,这一时期的股权激励往往会设定更长的锁定周期与更为严苛的退出条件,以确保团队的稳定。因此,对于激励对象而言,如果正巧自己属于一般岗位上的管理型人才,那么这一时期是争取股权的最佳时机。

(3)争霸期

行业在寡头期,除寡头之外的一些企业在竞争之中会逐步形成较大的品牌。在这一时期,冲击寡头相对是比较难的。但如果这个时期的市场规模足够大,除寡头之外的较大品牌就会进入争霸期。在这个过程中,企业往往会压缩管理成本、降低开支、开拓市场等。

股权激励可以在管理成本压缩的情况下建立起企业竞争优势,因此,这一时期的寡头企业也会采用一定的股权激励措施。但相对成长红利期与寡头期的激励而言,这一时期激励股权的成长空间较小,多为福利性的激励。但冲击寡头的较大品牌在这一时期往往会针对行业内地位较高的人才和新兴的技术型人才进行非常慷慨的股权激励,以期形成冲击优势。冲击寡头具有较大的风险,这一阶段是继续在寡头企业获得少量福利性的激励股权,还是获得新势力的慷慨激励,关键在于个人对风险的接受能力。

(4)稳定期

一个行业进入稳定期后,大部分市场已经被占领。相对来说,这一时期的市场趋于稳定,行业的发展潜力较小。这一时期所进行的股权激励多数为针对老员工的福利性的激励。

○**所在行业有爆发的机会吗**

一个行业是否有机会爆发,并非无迹可寻。掌握一定的判断方法,就能快速了解一个行业的发展脉络,摸清自己所处行业甚至是一个未知的行业和领域,更清楚地看到未来世界的发展趋势,作出更理性的抉择。无论是就业、投资还是参与股权激励,过早进入常常会因为时机不成熟而失败,太晚进入又容易错失良机,因此在选择判断的过程中,首先需要判断时机是否到来。雷军曾经说过,只要站在风口,"猪"都能飞起来。这也说明了时机的重要性。但"猪"想要飞起来,也要看风什么时候来,风口在哪里,自己会不会因为太重还没起飞就摔下去了。风来得比预期早,"猪"很可能就失去了飞起来的机会。风来得比预期晚,"猪"可能因等太久而饿死了。那么,如何判断现在是不是参与股权激励的最佳时机呢?我们可以从以下几个方面进行考虑:

（1）技术是否成熟

一项新技术的应用，往往需要经过市场长时间的、大量的应用与反馈。如果一个行业的核心技术还没有成熟或者现阶段的技术含量低，那么在参与这类行业的股权激励时要谨慎，因为技术的不成熟将影响行业发展的稳定性。但如果是专业的技术型人才，就另当别论了，因为这时选择一个技术不成熟的行业更有利于实现个人价值，也有利于提升自身的话语权。

（2）产业链是否完备

一个行业的产业链既包括从上游的供应商到中游的经销代理再到客户的各类配套业务，也包括整个行业生态中的各类人才。具备完备产业链的行业往往具备良好的发展势头与稳定性。

（3）市场是否有潜力

一个有潜力的市场，需具备较大且稳定的需求，与其相应的行业内部竞争相对温和，行业受到政策、市场环境的影响相对较小。市场是否具有潜力需要通过较长的周期进行判断与评估。例如，我国的成品门窗行业，虽然其市场在短时间内具有一定潜力，但受部分城市精装房政策的影响，零售订单份额变小，又受到人口老龄化加剧、生育率降低等的影响，该行业发展会逐步减缓，进入衰退期。

(4)竞争是否有壁垒

技术含量较低、不存在技术壁垒的行业,一旦市场出现新产品,就会很快被模仿,这将影响市场竞争的有序性,不利于企业在行业中发挥市场优势。因此如果当前还无法建立起一定的技术壁垒的行业,就会对时机的选择产生一定的影响。

参与股权激励的判断要素如图2-1-2所示。

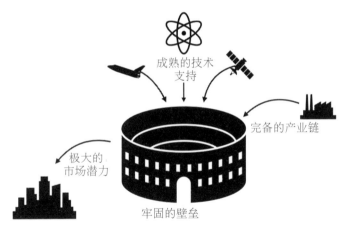

图2-1-2 参与股权激励的判断要素

2

如何读懂财务报表，
判断公司收益情况

　　财务报表能够在一定程度上反映一家企业在一定时期内的财务状况。了解一家公司的收益情况，最直观的方式就是去看该公司的财务报表。通过财务报表，可以从各个角度来评估企业当前的财务状况，全面了解企业目前的盈利能力、偿债能力及现金流量等。

　　财务报表，一般是指反映企业或预算单位在一定时期内资金、利润状况的会计报表。按照我国财务报表的种类、格式、编报要求以及统一的会计制度，企业定期编报。一般而言，财务报表包括资产负债表、利润表、现金流量表、所有者权益变动表、相关附表和附注。其中，相关附表反映企业财务状况，附注是为了让报表阅读者或使用者更好地理解财务报表的内容，将报表中无法呈现的编制基础、依据、遵循的会计政策、会计处理方法等作出解释。在财务报表中，资产负债表、利润表、现金流量表最直观、重要。

○ 资产负债表

资产负债表，顾名思义，体现的是企业的资产状况。它将会计期末各项资产的数据进行整理、分析和计算后，按照会计标准进行排列。一部分公司的资产负债表以一张表的形式呈现，还有一部分公司因为数据较多，需要将资产负债表拆分成两张表呈现。大量上市公司的资产负债表呈现类型如表2-2-1所示。

表2-2-1　××公司 2023年度报告所载资产负债表

2023年12月31日

编制单位：××公司　　　　　　　　　　　　　　　单位：人民币元

项目	2023年12月31日	2023年1月1日
流动资产：		
货币资金	128 556 546.30	116 323 003.08
交易性金融资产	2 000 000.00	—
应收票据	72 901 359.75	82 788 848.71
应收账款	547 736 332.48	483 310 250.53
应收款项融资	18 443 875.89	92 770 838.68
预付款项	5 368 673.86	6 860 844.35

项目	2023年12月31日	2023年1月1日
其他应收款	21 292 669.08	13 573 271.46
其中：应收利息	—	—
应收股利	—	—
存货	150 843 882.75	153 940 607.02
合同资产	37 069 910.74	41 984 944.94
持有待售资产	—	—
一年内到期的非流动资产	—	—
其他流动资产	13 050 861.31	19 667 767.17
流动资产合计	997 264 112.16	1 011 220 375.94
非流动资产：		
债权投资	—	—
其他债权投资	—	—
长期应收款	—	—
长期股权投资	9 574 188.80	13 727 000.35
其他权益工具投资	1 100 000.00	100 000.00
其他非流动金融资产	25 892 859.00	17 967 600.00
投资性房地产	—	—
固定资产	598 879 018.74	597 255 584.91
在建工程	95 758 381.52	72 419 569.58
使用权资产	1 430 143.16	1 285 826.48

续表

项目	2023年12月31日	2023年1月1日
无形资产	57 444 772.82	60 478 251.91
商誉	16 973 935.10	16 973 935.10
长期待摊费用	592 327.01	202 705.87
递延所得税资产	19 447 799.96	21 004 961.72
其他非流动资产	398 630.38	867 734.00
非流动资产合计	827 492 056.49	802 283 169.92
资产总计	1 824 756 168.65	1 813 503 545.86
流动负债:		
短期借款	217 834 443.94	110 600 000.00
交易性金融负债	—	—
应付票据	27 342 897.65	45 493 065.00
应付账款	333 137 365.88	322 936 717.59
预收款项		
合同负债	4 343 832.51	2 945 763.05
应付职工薪酬	5 607 796.23	6 323 740.74
应交税费	14 657 847.40	10 140 985.88
其他应付款	22 252 296.63	37 165 213.49
其中:应付利息	—	—
应付股利	—	—

续表

项目	2023年12月31日	2023年1月1日
持有待售负债	—	—
一年内到期的非流动负债	159 484 243.26	76 268 926.95
其他流动负债	43 155 586.00	127 495 008.27
流动负债合计	827 816 309.50	739 369 420.97
非流动负债：		
长期借款	288 541 000.00	390 580 000.00
应付债券	134 084 076.38	127 188 218.04
其中：优先股	—	—
永续债	—	—
租赁负债	775 659.51	252 118.62
长期应付款	—	—
长期应付职工薪酬	—	—
预计负债	—	—
递延收益	7 534 367.83	8 514 540.23
递延所得税负债	2 424 114.98	2 929 532.14
其他非流动负债	—	—
非流动负债合计	433 359 218.70	529 464 409.03
负债合计	1 261 175 528.20	1 268 833 830.00
股东权益：		
股本	189 498 316.00	190 723 885.00

项目	2023年12月31日	2023年1月1日
其他权益工具	35 247 874.89	35 285 192.19
其中:优先股	—	—
永续债	—	—
资本公积	220 189 782.62	223 755 409.61
减:库存股	26 471 420.64	33 909 500.64
其他综合收益	—	—
专项储备	154 850.00	627 931.31
盈余公积	22 325 115.86	22 008 439.34
一般风险准备	—	—
未分配利润	115 041 803.14	94 688 582.31
归属于母公司股东权益合计	555 986 321.87	533 179 939.12
少数股东权益	7 594 318.58	11 489 776.74
股东权益合计	563 580 640.45	544 669 715.86
负债和股东权益总计	1 824 756 168.65	1 813 503 545.86

在资产负债表中,包括资产、负债、所有者权益三大类信息。其中,负债代表公司从债务人处取得的资金,所有者权益代表公司从股东处取得的投入款,而负债与所有者权益之和代表公司的最终资产总额。资产负债表数据关系如图2-2-1所示。

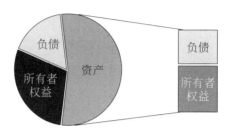

图 2-2-1 资产负债表数据关系

需要注意的是,我们看资产负债表不应该只关注其总额,更应当对其中的部分数据进行结构性分析。

(1)货币资金

一家企业的现金并不是越多越好。货币资金是资产中流动性最好的,也是收益率最低的,因此传统观点认为货币资金应当保持在合理区间内,如 15%—20%。由于不同企业的盈利能力不同,所处行业不同,15%—20% 的合理区间仅具有一定的参考价值。如上市企业格力电器披露的 2024 年半年度经营业绩分析报告显示,截至该报告出具日,格力电器货币资金占总资产比重为 31.15%,但其净资产收益率近 5 年皆稳定在 19%—26% 之间。

(2)应收账款

应收账款在总资产中的占比自然是越低越好。公司只要具备强大的竞争优势,经销商或者客户拖欠货款的情况就会少。如上市公司贵州茅台的应收账款几乎为零,因为其销售政策是支付预付款后发货。如果应收账款的增长速度长期比营业收入的增长速度快,就需要警惕。应收账款占比高通常说明三个问题:一是自身竞争力差,必须靠赊销才能卖出货。二是所处的行业或产业链环节,抑或是商业模式不佳。三是存在财务造假的风险。行业的赊销回款周期通常为半年,如果报表显示的应收账款账龄多是一年以上,就要非常注意应收账款的坏账损失。

(3)应收票据

根据应收票据的多或者少无法得出有效信息,因为应收票据中包括银行承兑汇票和商业承兑汇票。银行承兑汇票由银行兑付,几乎没有风险,如果急需用钱就可以找银行贴现,因而更类似准现金。商业承兑汇票由购货企业兑付,风险来自购货企业的信用,除非规模大、信誉好的企业,否则银行一般不会贴现。所以在分析应收票据时应该关注票据类型,银行承兑汇票和现金更加类似,而商业承兑汇票和应收账款更加类似。

(4)预付款项

如果提供商品的企业强势,或者商品处于稀缺抢手的状态,那么公司需要支付预付款项才能够拿到货。还有一种情况就是商品生产周期很长,耗资巨大,供应商无法先垫付巨额资金再一手交钱一手交货,加之供应商无法承担巨额的违约风险。

总的来说,应收账款、应收票据和预付款项反映了公司对上下游的议价能力。公司的竞争优势可以在资产负债表中体现出来,处于优势地位的公司要求先预付,次之要求一手交钱一手交货,其后是答应以商业承兑汇票赊账,处于劣势地位的就会有一大堆应收账款。通过对比这些科目历史数据的变动情况,可以看出公司的竞争力是加强还是削弱了;通过对比这些科目的业内数据,也可以看出公司在行业内的竞争优势。

(5)存货

存货需要根据行业、细分构成、环境等具体分析。如贵州茅台的存货占比高是因为其独特的生产工艺,所以茅台酒的存货反倒是公司未来竞争力的基石。如果是服装产品,那么存货越多面临的风险就越大,这些存货一旦过季就面临减值风险。如果公司大幅储备的是原材料,就代表它看好后市产品的销售;如果公司大幅储备的是待出售的成品,那么可能是因为产品滞销,也可能是待价而沽。所以,把握存货储备的节奏至关重要。

(6)长期股权投资

公司对哪些企业进行股权投资可以反映公司的战略意图和战略储备。长期股权投资往往是隐藏资产的方式,公司的资产可能会因为长期股权的增值而增值,所以长期股权投资值得深入挖掘。

(7)固定资产与在建工程

固定资产与在建工程在资产中的占比高低是判断公司属于轻资产还是重资产运营的关键指标。轻资产运营公司的竞争大多依靠无形资产,而重资产运营公司需要靠固定资产取胜,所生产的产品同质化严重,竞争激烈。

(8)无形资产

中国很多上市公司的无形资产是土地使用权,所以土地使用权是其资产重估增值的重要来源。此外,无形资产还包括特许经营权以及公司研究开发的专利技术。专利技术多见于医药公司与高科技公司,是这类公司竞争力的主要来源。不过,稳健的公司都会将研发支出计入当期费用,而不作为无形资产。

商誉是企业所拥有或控制的、由企业整体协同效应导致的、能为企业带来未来超额收益的不可辨认的无形经济资源。经常进行并购的公司该科目占比较高。商誉占比高说明收购的成本较高,一旦资产价格泡沫破裂,就会发现原来收购的资产根本不值那么多钱。需要注意的是,这一资产科目事实上是财务舞弊常用的手段之一。如果商誉占比高,就需要提高警惕。

(9)应付票据

应付票据反映的是企业购买材料、商品或接受劳务供应等应支付的款项,包括应付的商业承兑汇票和银行承兑汇票等。议价能力强的企业开具更多的商业承兑汇票。

(10)应付账款

一般来说,应付账款多不见得是公司的支付能力不行,能将供应商的资金为己所用,说明公司拥有较强的竞争力。应付账款过高也不见得就好,过高的情况一般会有两种:一是欠债太多;实在无力偿还;二是压制供应商太过,不利于长远、良性的合作。

(11)预收款项

一般来说,单位产品资金需求大、开发周期长,或者专业化特征明显,就需要量身定做。这一般出现在设备制造、建筑工程、房地产等行业中。预收款会成为这类公司重要的资金来源。

(12)有息负债

有息负债多为公司向金融机构的借款,例如银行借款、公司债券、中期票据等,需要支付利息和按时偿还,主要有短期借款、一年内到期的非流动性负债、长期借款、应付债券等,一些短期融资券也会在其他流动负债科目出现。在经营活动中的占款一般为无息负债,无息负债多多益善,就算无法偿还,也可以动用有息负债还。

但是有息负债一旦还不了，就意味着公司真的遇上了流动性危机，将面临倒闭风险。如果公司的有息负债率超过1，那么风险偏大。投资者一般会回避有息负债率特别高的公司。有息负债率高一般有以下三个原因：一是行业属性不好，二是竞争力不强，三是经营风格激进。

○ 利润表

利润表体现的是一家企业的盈利情况。企业最终追求的就是盈利，而利润是盈利的最好体现。正是利润的重要性，使得利润表被列入"三张表"之一。从内容上来说，利润表是"三张表"中最容易看懂的，其数据也最容易理解。它的呈现方式大多如表2-2-2所示。

表2-2-2　××公司2023年度报告所载利润表
2023年度

编制单位：××公司　　　　　　　　　　　　　　单位：人民币元

项目	2023年度	2022年度
一、营业收入	654 661 312.88	509 122 140.74
减：营业成本	562 308 799.14	481 210 340.40
税金及附加	2 424 772.45	1 646 854.56
销售费用	25 947 147.05	28 701 346.58

续表

项目	2023年度	2022年度
管理费用	25 903 812.54	27 314 298.07
研发费用	20 427 047.96	18 307 065.11
财务费用	11 904 840.35	11 308 838.19
其中:利息费用	11 551 785.68	11 074 595.01
利息收入	181 149.02	357 691.88
加:其他收益	2 601 978.40	7 668 336.21
投资收益(损失以"－"号填列)	−3 937 414.64	283 350.59
其中:对联营企业和合营企业的投资收益	654 315.59	98 830.14
公允价值变动收益(损失以"－"号填列)	—	−32 400.00
信用减值损失(损失以"－"号填列)	−5 163 812.64	−8 950 024.44
资产减值损失(损失以"－"号填列)	1 028 522.03	−5 332 789.89
资产处置收益(损失以"－"号填列)	2 107 912.79	−285,833.84
二、营业利润(亏损以"－"号填列)	2 382 079.33	−66 015 963.54
加:营业外收入	1 773 694.49	3 027 458.74
减:营业外支出	115 270.69	463 012.81
三、利润总额(亏损总额以"－"号填列)	4 040 503.13	−63 451 517.61
减:所得税费用	873 737.91	−8 982 419.84

续表

项目	2023年度	2022年度
四、净利润(净亏损以"一"号填列)	3 166 765.22	−54 469 097.77
(一)持续经营净利润(净亏损以"−"号填列)	3 166 765.22	−54 469 097.77
(二)终止经营净利润(净亏损以"−"号填列)	—	—
五、其他综合收益的税后净额	—	—
(一)不能重分类进损益的其他综合收益	—	—
1.重新计量设定受益计划变动额	—	—
2.权益法下不能转损益的其他综合收益	—	—
3.其他权益工具投资公允价值变动	—	—
4.企业自身信用风险公允价值变动	—	—
5.其他	—	—
(二)将重分类进损益的其他综合收益	—	—
1.权益法下可转损益的其他综合收益	—	—
2.其他债权投资公允价值变动	—	—
3.可供出售金融资产公允价值变动损益	—	—
4.金融资产重分类计入其他综合收益的金额	—	—

续表

项目	2023 年度	2022 年度
5.持有至到期投资重分类为可供出售金融资产损益	—	—
6.其他债权投资信用减值准备	—	—
7.现金流量套期储备(现金流量套期损益的有效部分)	—	—
8.外币财务报表折算差额	—	—
9.其他	—	—
六、综合收益总额	3 166 765.22	−54 469 097.77
七、每股收益	—	—
(一)基本每股收益(元/股)	—	—
(二)稀释每股收益(元/股)	—	—

利润表的主要信息包括营业收入、营业支出、利润总额等,相互之间的关系为:营业收入－营业支出＝利润总额。由此可以计算出企业最终的净利润。与资产负债表一样,仅仅关注利润表中的数据总额是远远不够的,还要关注数据的结构性特征,并进行分析。

(1)营业收入

利润表的第一行就是公司收入,可见其重要性。公司以营业收入为基础,减去营业成本、各项税费等科目后得到净利润。分析公司的收入首先要清楚收入的驱动因素。一般来说,产品的销售数量、价格与结构共同影响营业收入,而公司自身在中长期发展中的竞争优势与外部环境共同影响上述三种因素的变动情况。

激励对象在参看企业利润表时,最好分清公司收入的增长究竟是源自自身还是环境,又或者两者皆有。收入分析还有一个更为直观的切入点就是收入增长的速度与波动情况。毋庸置疑,收入增长速度越快的公司,竞争力越强;收入的增速超过业内其他企业,市场份额将有所提升。收入的波动越大,收入的质量越差,说明竞争力不够持久。

分析收入的波动情况时,应将公司的销售收入与行业景气度或者宏观经济的周期波动结合在一起,以判断公司的行业地位及其抵御宏观经济周期波动的能力。值得注意的是,有些公司的收入高速增长是以承担更高的风险为代价的。收入高速增长的行业掩盖了很多问题,例如中国的风电行业曾经连续5年每年增长100%以上,爆发式的市场增长背后是很多风电场赶工建成,质量问题与事故频出,产品使用寿命缩短,后被政府整顿。

另外,对公司的收入进行分析时,还需要关注公司大客户对收入的贡献程度,在财报中一般会披露前5名客户信息。如果公司的绝大部分收入由前几名客户贡献,就一定要小心,因为这些客户关系一旦破裂,公司的收入就会大幅下降。

(2)营业成本与毛利

营业成本是指已销售产品或者服务的生产(采购)成本,是生产过程中直接发生的成本,不包含生产之外的销售费用、管理费用、财务费用等。单位产品成本低的公司往往具备低成本竞争优势,能够在行业低谷中存活下来。毛利是指营业收入减去营业成本后的差额。产品的毛利越高,可用作销售费用的金额就越高,用作产品研发费用的金额就越高,用作行政管理费用的金额也就越高,最终获得的净利润也就越高。关于营业成本,主要研究其成本构成,固定的营业成本有折旧、摊销、房租、员工工资等,可变的营业成本有原材料、运输费、能源费、员工奖金等。一般而言,成本结构中固定成本占比高的公司运营杠杆高,一旦收入略微波动,息税前利润就会剧烈变动;毛利率(毛利/收入)越低,运营杠杆就越高。处于盈亏平衡点附近的公司运营杠杆最高。

固定成本占比高的公司陷入行业低迷的时间会更久,因为高固定成本不论生产与否都存在。如果全行业都在亏损,那么只要能够弥补变动成本,企业就会生产,因为其退出壁垒高。

(3)销售费用

销售费用是销售商品或服务所产生的费用,例如广告费、促销费、销售人员的工资福利、销售机构的固定资产折旧等。销售费用的多与少说明不了问题,有的行业不需要营销或者很少的营销,例如一些垄断行业或者客户不是社会大众的行业。而有的行业必须营销,营销费用只多不少。

此外,通过考察公司营业利润和销售费用之比,可以判断公司的销售效率,从中可以看出公司的单位销售费用带来的营业利润是否在不断增加。除财务判断以外,还可以从营销的角度看销售效率。例如公司的广告或者营销活动是否花费不高,却又令人印象深刻。值得注意的是,在消费品行业,销售费用实际上是一种不断增长的固定成本,几乎不可能被压缩。要特别注意那些衰落的品牌,销售费用无法降低,但仍然无法挽回消费者,且其收入也在不断下降,这会直接导致公司的亏损。

(4)管理费用

管理费用是指企业管理和组织生产经营活动所产生的各项费用,包括工资福利、工会经费、行政开支、业务招待费等。值得注意的是,如果将研发费用进行资本化处理,就会计入无形资产;当成期间费用,就会计入管理费用。

公司最好不需要研发,所生产的产品或服务永不过时。当然在讲求技术创新的行业,研发不可或缺。因此,无法直接说研发费

用是高好还是低好,需要结合研发所得出的成果价值,从研发效率
的角度进行分析。

(5)财务费用

财务费用指企业在生产经营过程中为筹集资金而产生的筹资
费用,包括利息支出、汇兑损失、相关手续费等。贵州茅台和格力
电器的财务费用为负数,因为它们的货币资金占比高,所产生的利
息收入远大于利息支出。

所以,在分析财务费用时一定要注意公司来年是否有巨额的
在建工程投产。一旦形成固定资产,相关的借款利息就不能资本
化,财务费用就会大幅增加。同样,也要注意那些迟迟不投产的在
建工程,这会形成利润调节的空间。在建工程一旦投产,必须计提
折旧和利息费用,这些都会使利润减少。当公司具备一定的行业
地位和规模优势后,营业成本、销售费用、管理费用、财务费用的增
速将会低于收入的增速,净利润的增长速度将会高于营业收入的
增长速度,从而形成净利润提升等良性运营状况。

(6)可持续的利润

利润分析的要点是公司获得的利润是否由主营业务产生,是
否具备可持续性而非偶发性。可持续的利润是日后评价公司价值
的基石。

营业收入减去营业成本、销售费用、管理费用、财务费用、资产减值损失后，再加上公允价值变动收益、投资收益等就能得到营业利润。公允价值变动收益和投资收益存在偶然性。公允价值变动收益是指交易性金融资产和公允价值计量的投资性房地产的本期变动，简单来说就是公司其他投资未变现，但是又有浮盈的账面盈利。这种盈利显然是不稳定的。

投资收益分为两种。如果是被投资企业分得的现金股息或者利润，那么这种投资收益是持续性的。如果是卖掉长期股权投资或者各类金融资产所得到的收益，那么这种收益不具备持续性。

营业利润加上营业外收入减去营业外支出后得到利润总额。营业外收入是指企业确认的与企业生产经营活动没有直接关系的各种收入，包括固定资产处置利得和无形资产出售利得、非货币性资产交换利得、债务重组利得、企业合并损益、政府补贴等。营业外收入从逻辑上来讲是不具备可持续性的，但的确存在。例如政府持续补助上市公司，至于未来能否持续下去，就要看公司的具体情况。

利润总额扣除所得税，就得到公司的净利润。有些上市公司是有所得税优惠的，这些优惠一般有一定的期限。对于投资者来说，税缴得越多，公司财务造假的风险越小。

○现金流量表

现金流量表反映一家企业在一定时期内的现金流动情况。它之所以被列入"三张表"之一,是因为其能真实反映企业在一定时期内在相关领域的现金增减变动情况,由此可以判断该企业的现金流情况,尤其是可以预估该企业短期的生存能力以及应对突发情况的抗压能力。现金流量表上的每一个数据,都必须有银行流水,因此较难伪造。同时,现金流量表也是评价企业财务风险的关键要素,因为一家企业即使亏损,哪怕所有者权益有所亏空,也可以经营下去,但现金流一旦断裂企业就资不抵债难以经营了。

现金流量表上一共有3个大科目,分别是"经营活动产生的现金流量净额""投资活动产生的现金流量净额""筹资活动产生的现金流量净额"。我们举个例子。小黄开了一家包子店,自己投资4万元,向小张借了6万元,而这些都是企业的筹资行为,形成筹资活动现金流入。到了年底,根据约定,小黄向小张支付了6 000元的利息,而利息支付就是给债权人分配报酬,与筹资活动有关,形成筹资活动现金流出。为了做包子,小黄买了一套设备,这是长期固定资产投资,形成投资活动现金流出。此外,小黄购买了馅料、面粉等原材料,向员工支付工资共计3.3万元,这些事项都属于企业的日常经营行为,相应的现金支付形成经营活动现金流出。全部准备工作结束后,包子店开张盈利,销售包子的收入形成销售收入(5万元),也就是经营活动现金流入。

我们把这一年小黄包子店与现金收付相关的活动整理一下,就可以形成一张现金流量表,如表2-2-3所示。

表2-2-3 现金流量表

科目	金额	备注
经营活动产生的现金流量净额	1.7万元	—
销售商品、提供劳务收到的现金	5万元	包子销售
购买商品、接受劳务支付的现金	-3.3万元	原材料、工资
投资活动产生的现金流量净额	-4万元	—
构建固定资产、无形资产及其他长期资产支付的现金	-4万元	固定资产(包子设备)
筹资活动产生的现金流量净额	9.4万元	—
吸收投资收到的现金	4万元	投资(小黄)
取得借款收到的现金	6万元	借款(小张)
分配股利、利润或偿付利息支付的现金	0.6万元	利息(小张)
现金及现金等价物净增加额	7.1万元	—

在实务中,编制现金流量表要比上面的过程复杂许多。对我们而言,最重要的是要了解现金流量表背后的"经济含义"。"经营

活动产生的现金流量净额""筹资活动产生的现金流量净额"为正，"投资活动产生的现金流量净额"为负,说明小黄的包子店正在"融资—投资—做包子",是一家冉冉升起的成长型公司。这可以通过表2-2-4判断出来。

表2-2-4　现金流量表中的内涵

经营活动产生的现金流量净额	投资活动产生的现金流量净额	筹资活动产生的现金流量净额	企业状态	生命周期
负	负	正	企业开销巨大,需要大量融资	初创期
正	负	正	投资取得回报,但仍需要融资以扩大生产	成长期
正	负	负	投资取得巨大回报,企业继续发展	扩张期
正	正	负	企业发展稳定,经营极佳	成熟期
负	正	负	企业开始变卖资产,走向衰退	衰退期
负	负	负	企业经营困难,走向灭亡	灭亡期

企业生命周期如图2-2-2所示:

参与股权激励,员工必须考虑的几个问题

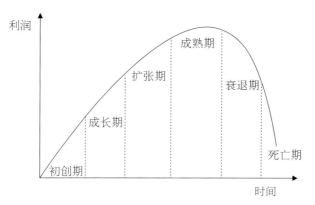

图2-2-2　企业生命周期示意图

3 高收益 vs. 高增值，不同的 公司该怎么选

有的公司盈利能力强，但是一直走传统发展路线，从未通过资本市场进行股权融资；有的公司因为在抢占市场、技术研发上投入了大量资金，其盈利能力弱甚至长期亏损，却不断通过股权融资，其估值也在提升。面对这些发展思路截然不同的公司，员工该如何选择，又该如何确定激励方式呢？

○ 股权收益测算

如果参与股权激励，那么激励对象的收益主要来自所获得股权的分红及股权溢价所带来的收益。当然，收益的来源最终还是要同股权激励模式相匹配。关于股权收益的形式后文还会作详细介绍，在这里我们将通过案例来为大家简单说明相关收益该如何

计算。

(1)限制性股权收益

限制性股权是指公司按照预先确定的条件事先授予激励对象一定数量的公司股权。获得股权后,如无特殊约定,激励对象可以享受公司的分红以及其他的股东权益。但是激励对象不能直接转让限制性股权套现,只有在预先确定的条件成就后,才能解锁相应的股权,再通过转让获利;而未能完成预先确定的考核目标,相关股权将无法解锁,甚至还会被公司收回。因此,限制性股权的收益主要来自股权分红与限制解除后通过股权转让实现的股权增值。如图2-3-1所示。

股权分红　　　　　　　　　股权增值
特点:　　　　　　　　　　　特点:
1. 持续性收益　　　　　　　1. 一次性收益
2. 回报周期长　　　　　　　2. 回报周期短
3. 获取难度相对较小　　　　3. 获取难度相对较大

股权激励回报

图2-3-1　股权激励的收益来源对比

[案例]

2021年,陈经理参加了他们公司的股权激励计划,被公司授予占公司总注册资本金5%的限制性股权,限制期为5年,每年完成考核目标后可以解锁所持有限制性股权的20%,未解锁部分不得转让。

当股权激励计划实施时,陈经理所在公司刚刚结束A轮融资,公司投后估值达到1亿元;为激发员工的积极性,决定本次股权激励按公司A轮融资投后估值的60%确定激励股权的授予价格。陈经理看好公司的未来前景,决定用300万元购买激励股权参与经营。

1年后,公司当年度实现净利润300万元。经公司股东会决议通过,本年度公司净利润的50%用于股东分红,剩余50%计入公司公积金用于未来扩大发展。

说到股权收益,大家首先想到的一定是公司的分红。在这个案例中,陈经理购买的是公司限制性股权。一般来说,限制性股权在授予时相关股权的分红权已经完整让渡给了激励对象,因此在第1年陈经理就可以享受当年度公司可分配利润的5%,即7.5万元(300万元×50%×5%)的分红收益。而陈经理的收益并不限于此,在陈经理获得激励股权时公司的估值就达到1亿元,这就意味着陈经理按投后估值60%,即用300万元购入的股权价值达500万元,其潜在的收益远高于分红。第1年的股权情况如表2-3-1所示。

参与股权激励,员工必须考虑的几个问题

表2-3-1　第1年的股权情况

解锁期	购买价格	股权价值	股权分红	持股比例	解锁比例	锁定比例
第1年	300万元	500万元	7.5万元	5%	1%	4%

两年后,公司以投后估值3亿元开始进行B轮融资。B轮投资者除向公司增资外,还愿意按B轮估值收购原股东的股权。此时陈经理因为工作努力,2个解锁期的考核全部完成,手中所持有的限制性股权已经解锁了40%。为了解决个人财务问题,陈经理决定拿出已解锁的股权全部出售给B轮投资者。

正如前文所述,股权激励的收益除来自分红之外,还有很大一部分来自所持有股权的增值部分。如在本案例中,陈经理当时购买激励股权的价格为公司A轮投后估值的60%,即以300万元的价格购买了公司5%的股权;在B轮融资中,以公司投后估值3亿元的价格出售了其已解锁的全部股权,即2%(5%×40%)的股权,此时出售价格已经达到600万元(3亿元×2%),而这部分股权当时的购买价格仅为120万元。也就是说,陈经理此次一次性转让的股权为他带来了近480万元的收益。第2年的股权情况如表2-3-2所示。

表 2-3-2　第 2 年的股权情况

解锁期	购买价格	股权价值	持股比例	解锁比例	锁定比例
第 2 年	300 万元	900 万元	5%	2%	3%

同样,如果公司估值下降,陈经理不得在该条件下出售自己的股权,那么陈经理不但无法获利,还会亏损。为了便于读者直观地了解不同估值下陈经理的收益变化,我们做了简单的对比,如表 2-3-3 所示。

表 2-3-3　不同估值下的收益

公司估值	出售数量	股权价格	实现利润
1 000 万元	5%	50 万元	−250 万元
5 000 万元	5%	250 万元	−50 万元
1 亿元	5%	500 万元	200 万元
2 亿元	5%	1 000 万元	700 万元
3 亿元	5%	1 500 万元	1 200 万元

（2）股权期权收益

股权期权给予激励对象未来以当前约定价格购买公司一定数量的股权的权利,所以期权并不等同于公司的股权。相较于限制性股权,股权期权只有在行权之后,激励对象才可以通过购买的股权获得分红,或者通过股权转让实现股权增值部分的收益。

[案例]

2020年,王总监所在的公司为激励员工实施了一项股权期权激励计划。根据该计划,员工所持有的期权按5年分5期行权,每期可行权20%,每期行权价为期权授予时公司估值的60%。此时公司估值为1亿元人民币。

王总监看好公司未来的发展,决定参加此次期权激励计划;后经考核评定,被公司授予占公司总注册资本金4%的期权。

在授予期权后的第1年,王总监经过努力实现了考核目标,如愿行权,以约定的价格,即60万元(1亿元×60%×1%)的价格购买并获得了公司1%的股权。公司当年度实现净利润300万元。经公司股东会决议通过,该年度公司净利润的50%用于股东分红,剩余50%计入公司公积金用于未来扩大发展。第1年的期权情况如表2-3-4所示。

表2-3-4 第1年的期权情况

行权期	1%的股权行权价格	1%的股权价值	股权分红	期权比例	行权比例	已行权比例
第1年	60万元	100万元	1.5万元	4%	1%	1%

与限制性股权不同,股权期权通常只能就已经行权的部分获得分红,也就是说虽然王总监一次性被授予4%的股权期权,但是因为该年度其行权解锁的只有其中的25%,即公司1%的股权。也就是说,当年度王总监仅能获得该1%的股权分红,即1.5万元(300万元×50%×1%)的分红收益。

2年后,公司以投后估值3亿元开始进行B轮融资。B轮投资者除向公司增资以外,还愿意按B轮估值收购原股东股权。此时王总监因为工作努力连续2个行权期的考核全部完成。行权完成后,王总监为了解决个人财务问题,决定拿出已行权的股权全部出售给B轮投资者。第2年的期权情况如表2-3-5所示。

表2-3-5 第2年的期权情况

行权期	1%的股权行权价格	1%的股权价值	期权比例	行权比例	已行权比例
第2年	60万元	300万元	4%	1%	2%

第3年,公司遭遇公关危机,导致业务极度萎缩,现金流紧缺,当年度投资市场对该公司做出的估值不足5000万元,甚至有人认为王总监所在的公司可能无法继续正常运转。同年,王总监虽然完成了自己的考核目标,但考虑到公司的变故,他决定不再行权。第3年的期权情况如表2-3-6所示。

表2-3-6　第3年的期权情况

行权期	1%的股权行权价格	1%的股权价值	期权比例	行权比例	已行权比例
第3年	60万元	50万元	4%	0%	2%

与限制性股权相同的是,对于已经行权的期权,激励对象可以享受股权增值所带来的利益。而与限制性股权不同的是,激励对象可以根据公司发展的趋势决定是否继续行权。如在本案例中,王总监在B轮融资中,以公司投后估值3亿元的价格出售了其已行权的全部股权,即2%(5%×40%)的股权。此时出售价格已经达到600万元(3亿元×2%),而这部分股权的行权总价为120万元,所以这次股权转让为王总监带来了480万元的收益。同样,王总监可以在公司估值下降时不行权,以实现利益的最大化。虽然股权期权的激励模式无法使激励对象享受最高的公司分红金额,但分期行权的模式,可以有效降低激励对象的投资风险。

(3)在职分红收益

在职分红是一种激励对象仅能享受公司分红权的虚拟股权激励方式。也就是说,在这种模式下激励对象可以无偿或有偿获得公司的部分分红权。

[**案例**]

2019年，黄博士被公司授予5%的在职分红。双方约定，黄博士只要同公司保持劳动关系，每年可免费获得公司5%的分红。同年，公司实现净利润300万元。经公司股东会决议通过，该年度公司净利润的50%用于股东分红，剩余50%计入公司公积金用于未来扩大发展。300万元的利润分配方案如图2-3-2所示。

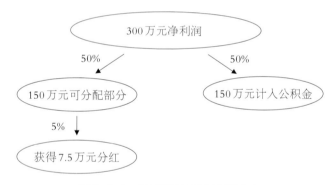

图2-3-2　300万元的利润分配方案

黄博士因为享有公司5%的在职分红，所以当年度可以享受公司可分配利润的5%，即7.5万元（300万元×50%×5%）的分红收益。

2年后，公司实现500万元的净利润。公司以投后估值1亿元的价格被投资人所看重，投资人除向公司增资以外，还愿意按公司估值价收购原股东的股权。

在在职分红的激励模式下,激励对象仅能够享受公司分红,无法享受公司股价增值带来的收益。所以在这种情况下,即便黄博士所在公司实现了1亿元估值的突破,他也无法通过转让股权的方式给自己带来收益,仅能够通过当年分红来获得收益。

(4)股权增值权收益

股权增值权同在职分红一样,也是一种虚拟股权激励,激励对象能无偿或有偿享受股价上涨所带来的收益。但如果没有特殊约定,激励对象一般无法享受公司分红。也就是说,在这种模式下,即便公司实现盈利,但如果股价没有增值,激励对象就无法获得收益。

[案例]

2016年,李主任作为公司融资部负责人被所在的公司授予5%的股权增值权,这一年公司估值为1亿元人民币。公司同李主任约定该5%的增值权可以于公司B轮融资时一次性兑现,也可于公司每次融资时部分兑现。

公司当年度实现净利润300万元。经公司股东会决议通过,该年度公司净利润的50%用于股东分红,剩余50%计入公司公积金用于未来扩大发展。股权价值上涨情况如图2-3-3所示。

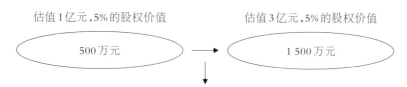

相当于每持有1%的股权,净赚200万元

图2-3-3 股权价值上涨示意图

2年后,在李主任的帮助下公司以投后估值3亿元开始进行B轮融资,李主任决定在B轮融资中兑现2%的股权增值权,剩余部分于此后融资中兑现。第1年的股权增值权情况如表2-3-7所示。

表2-3-7 第1年的股权增值权情况

行权期	股权增值权比例	设定起始公司估值	当年公司估值	股权增值总收益
第1年	5%	1亿元	3亿元	1 000万元

在本案例中,李主任通过自身努力为公司实现了估值3亿元的目标,并兑现了其所持有的2%的股权增值权,这时李主任可以获得400万元,即"(3−1)亿元×2%"的收益。

通过前面几则案例可以了解到,股权激励的主要收益来源于公司的分红和股权的增值。面对不同的公司,我们需要根据自身实际情况,争取不同的激励方式来实现自身与公司利益的最大化。

参与股权激励,员工必须考虑的几个问题

○如何选择薪资与股权,多要工资还是多要股权,工资和股权的比例怎样确定

很多职场精英在与公司的谈判沟通中经常遇到这样的情况:公司给出的条件包含年薪与股权激励两个变量,当然年薪和激励股权双丰收自然是最佳选项;但是如果只能择一,或者是需要平衡相互比例时,是选择更多的年薪、较少的激励股权,还是选择较多的激励股权、较少的年薪呢?

(1)自身的需求是什么

可以这么理解,多工资的方案就是实现短期的收益。比如激励对象每个月有还贷的压力,以及很高的家庭生活成本,激励对象必须依靠工资生存,那可以多要工资少要股权。如果激励对象自己现金储备足够充裕,甚至还有资金做投资理财,那不妨更注重股权投资,也就是我们所说的股权激励。

在进行股权激励时,工资和股权的比例选择与激励对象自身的需求有关。可以肯定的是,如果在一定能够赚钱的情况下,大部分人会选择多股权少工资的方案。但是,一般情况下激励对象不能确定进行激励后一定能够赚钱,这就需要结合科学的判断标准来综合考量,如图2-3-4所示。

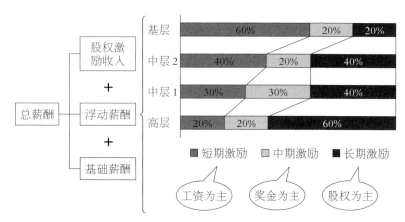

图 2-3-4　股权激励对象常见的选择方式

例如,大家熟知的小米科技有限责任公司。在某次活动上雷军就曾透露,小米早期允许员工在股权和现金之间进行自由调配,以调整自己的薪酬结构。当时大多数人选择多现金少股权的方案,少部分人接受少现金多股权的方案,还有很少一部分人选择全部拿现金。不同薪酬结构的对比如表 2-3-8 所示。

表 2-3-8　不同薪酬结构的对比

薪酬模式	收入风险	收入潜力	捆绑程度	收入稳定性
全部现金	小	小	小	大
大量现金＋少量股票	中	中	中	中
少量现金＋大量股票	大	大	大	小

参与股权激励,员工必须考虑的几个问题

[案例]

2017年8月4日,在顺为资本举办的一场活动上,雷军透露,小米早期允许员工在股票和现金之间弹性调配自己的薪酬结构。在自愿选择后,15%的人选择每月全部拿现金工资,70%的人选择70%—80%的现金和少数股票,还有15%的人只拿一点生活费但拿较多股票。

雷军说,这样员工有了创业心态,全身心投入。"赚了是自己的,亏了谁都不怨。"

2012年,在小米进行B轮融资时,雷军还允许员工自己掏钱投资,每人封顶30万元人民币。"当时公司一共70多人,差不多60个人掏了钱,总共投了1 400万元。"雷军说。

小米总裁林斌也曾自掏腰包购买公司股票。小米的几名联合创始人都基本持股3%左右,而林斌持股13.3%。

"2010年,雷军拉我创业,零工资我答应了,又问我是否愿意自己掏钱投资小米,我犹豫了。但想了几天,和太太商量,既然决定创业,那就豁出去了。我们准备过几年苦日子,我把谷歌和微软的股票卖了,全部投到小米。"林斌2015年在其母校中山大学演讲时透露。①

谁能够想到多年后的今天,小米的股价暴涨。当初选择多股权少工资方案的员工如今身价暴增,实现了财务自由。从投资的角度来看,他们完成了一次出色的股权投资。

激励对象可能会想,毕竟小米只有一家,每家公司的情况也都不一样,如何判断哪种选择最有利呢?

下面来讨论激励对象如何综合考虑工资和股权的比例。

(2)未来的股权价值是否看好

选择工资和股权的比例,其实就是要考虑未来股权的价值。未来股权价值增长快且高的,毋庸置疑,我们会选择股权多一些的方案。那么,未来股权的价值和什么有关呢?

首先,激励对象需要考虑公司未来的发展前景。那如何确定公司的发展前景呢? 我们一般会从两个方面来看:第一个是行业的"天花板"。行业的"天花板"就是指激励对象所在公司的产品或服务是否接近供大于求的情况。极度饱和的行业如钢铁行业,已经非常稳定了,在一般情况下,激励对象基本不可能随着企业成长了。激励对象通过考量公司的运行模式、公司资源的属性,大致可

---

① 资料来源:https://www.chinanews.com.cn/cj/2018/05-11/851111
24.shtml。

以预估其公司的未来价值,从而确定工资和股权的比例。

对于一些行业来说,旧的"天花板"已经解体,但是新的"天花板"尚未形成,如新能源汽车行业和通信行业。如果激励对象正处在这类公司当中,那么就要观察所属公司是不是有潜力的新公司或者有强烈扩张发展需求的成熟企业,若属于这一类,公司的发展前景则是比较明朗的。

还有些企业,通常被认为是"天花板"尚不明确的公司,如人工智能和新能源等。虽说新兴企业是未来大企业的摇篮,而且这类企业未来很有可能发展为行业巨头,但是企业及激励对象能否熬过当下都是需要考虑的问题。

☞小贴士

什么是行业"天花板"

"天花板"是指企业或行业的产品(或服务)趋于饱和、达到或接近供大于求的状态。"天花板"分为三种:

一是已经达到"天花板"的行业——极度饱和的行业,如钢铁行业。具有垄断经营能力的企业已经占领市场,获得行业定价权。

二是产业升级创造新的需求,旧的"天花板"解体,新的"天花板"尚未或正在形成,如汽车行业和通信行业。这些行业通常比较成熟,但创新会打破原有的行业平衡,从而挖掘出新的需求,如无人机、新能源车及它们带来的消费新体验。

三是"天花板"尚不明确的行业。这些行业要么处在新兴领域,需求正在形成,并且未来的市场容量难以估计,如新型节能材料;要么属于"快速消费"产品,如提高人类生活质量、延长人类寿命的医药产品和服务。这类行业历来都是伟大企业的摇篮,牛股层出不穷。

我们认为,消费者对产品的功能性、舒适性、美观性的需求是没有止境的,对服务的品质要求也在不断提高。在不同的社会发展阶段,消费升级永不止步。

其次,可以评估公司发展前景的是行业的持续性,也就是这个行业能够存在多少年。很多人说,一个新兴行业运行10年之后,就会变成传统行业,而变成传统行业以后,其运转的方式可能会不同。其实,行业的持续性并不是严格按照时间来划分的,有时可根据市场需求来判断。例如医疗和教育,这两个行业作为人类社会发展的"刚需",伴随着整个人类社会的发展。因此,尽管这两个行业非常古老,但直至今天,"大健康""大教育"依旧是公认的硬核蓝筹行业。

有一些新兴行业,虽然其发展迅速、劲头十足,但有可能只是昙花一现。在资本的狂欢与迅速扩张中,最终会回归理性,如共享单车、数码租赁等行业。

(3)实际控制人是否值得跟随

通过考虑上述两个因素,已经能够大致预估公司的发展前景,那还有参考因素吗?

我们通常会建议激励对象考虑公司实际控制人的可靠程度。实际控制人是对公司方向进行把控的舵手,知晓其处世原则、人生观、办事能力等,能够预测他是否和激励对象合拍,能否把企业做成一项大事业。实际控制人能够影响员工对公司的发展信心和决心。如果激励对象认可其公司的实际控制人,那么在结合自己的实际情况后可以多选一些股权,和公司一起打拼、成长。

而关于如何判断与选择你的老板,我们在后文中还将具体介绍。

(4)还需要考虑的其他因素

还有一点,激励对象需要关注公司的财务透明程度及分红的比例和规则。如果规则表明公司近10年不分红,在10年内退出的股东没有分红的权利,激励对象就需要仔细考虑能否与公司共同打拼10年,以及10年以后才能够拿到应有分红的情况。所以,激励对象还需要考虑分红的比例和分红的时间是否可接受。

4 企业文化，公司真正的灵魂

有人说，价值才是驱动组织的原动力。好的企业文化如同优秀的灵魂，能够指引整个公司更好地创造价值。一家拥有优秀企业文化的公司毫无疑问值得你毫无顾虑地为之奋斗。换言之，一家缺少企业文化的公司，则无法为你的事业带来强有力的支撑与保障。那么何谓企业文化？何谓优秀的企业文化？我们又该如何辨别与选择？本节将为大家一一揭晓。

○什么是真正的企业文化

有些公司认为，企业文化就是公司的制度、公司冰箱里的零食、挂在墙上的标语、已经统一的视觉设计。没错，这些看得见、摸得着的东西，的确是企业文化的一部分，但是企业文化还有一些我们看不见的内容。图2-4-1展示的是阿里巴巴的企业文化。

我们的愿景:让天下没有难做的生意
我们的目标:全球最大的在线软件运营服务商

我们的价值观

客户第一:客户是衣食父母　　诚信:诚实正直,言行坦荡
团队合作:共享共担,平凡人做非凡事　　激情:乐观向上,永不放弃
拥抱变化:迎接变化,勇于创新　　敬业:专业执着,精益求精

图2-4-1　阿里巴巴的企业文化(来自百度百科)

(1)共同价值观

有人将企业管理境界分为三层:第一层,建立利益共同体,即在经济上实现员工与公司利益的统一,这种统一可以通过绩效考核、薪酬体系,甚至我们说的股权激励来实现;第二层,打造精神共同体,即通过激发员工个人的使命感和价值观重塑员工,让员工为企业持续奋斗;第三层,建立事业共同体,即与员工共享发展成果,共担发展风险,形成共同意志。

这三层境界的内在差异就在于企业是否具有共同的价值观。

如果一家公司没有共同的价值观,任何高明的管理手段与激励方法都将流于形式,只能成为利益分配的工具,无法让公司凝结为一个精神共同体、事业共同体。

(2)共同价值观上的一致利益

我们认为,如果一家企业不谈经济,这样的企业无疑是在"耍流氓"。统一的价值观认知只能解决企业员工的思想统一问题,但是无法真正形成给企业带来效益的企业文化,而真正发挥作用的是基于共同价值观的利益捆绑。

华为技术有限公司毫无疑问是一家有着优秀企业文化的公司。2016年2月,《华尔街日报》曾将华为的成功归于"利益均沾"。这种说法虽有些许片面,但不无道理。华为主张"全员功效,利益均沾"的分配机制,一方面给予员工极高的工资,另一方面通过全员持股计划,使公司整体利益与员工个人利益形成高度的捆绑。华为股权结构如图2-4-2所示。

这样的利益捆绑不仅仅发生在华为内部,对于自己的客户,华为也通过合作互惠的方式,将上下游客户牢牢绑在同一艘利益大船上。正如任正非所言:"通过使客户利益的实现,进行客户、企业、供应商在利益链条上的合理分解,各得其所,形成共同利益体。"华为所采用的这种客户利益至上的企业文化,无疑对提高企业价值发挥了巨大的作用。

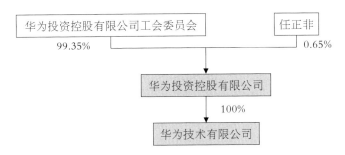

图2-4-2　华为股权结构(2024年12月3日)

(3)建立事业共同体

我们前面说过,合伙创业就是打造事业共同体。日本"经营四圣"之一的稻盛和夫曾主张:"让全体员工都成为企业的经营者,都获得企业的股份,可以充分调动员工的工作积极性。"他还将这一主张作为"全员参与型经营"战略。

在这种模式下,公司经营不再依照传统的上传下达的垂直管理模式,而是让每个员工都参与经营,每个员工都有对企业运营进行管理的责任,都有守护企业健康发展的使命,从而促进团队的共同进步。

一家企业是否有建立事业共同体的企业文化,判断标准之一是其是否有利益共享的股权激励措施,是否有充分的授权,发挥整个公司的创造力。《韩非子》有言:"下君尽己之能,中君尽人之力,上君尽人之智。"虽然韩非子所言为治国理政之道,但与现代企业管理之法不谋而合。一家公司能否足够信任公司的员工,对管理层及员工能否充分授权,对建立事业共同体至关重要。只有足够的信任和充分的授权,才能激发每个员工的创业热情,持续推动公司发展。

○ 企业文化的诞生在于认同

企业文化的建立并不困难,但是没有集体认同的企业文化,根本无法发挥出其基本的作用。

很多企业会要求员工背诵甚至默写自己公司的企业文化,甚至将对企业文化的认知程度作为绩效考评的依据之一。这种对企业文化形式主义的推广并不能发挥企业文化的真正作用,相反会令员工对企业文化产生厌恶之情。企业文化的诞生在于员工对企业文化的认同,而一家企业的文化被认同的前提在于企业文化是否符合员工的根本利益。只有符合员工根本利益的企业文化,才能被员工认同、接纳,而这也是企业文化能否发挥作用的关键。

因此,判断一家企业是否有真正支撑企业发展的企业文化的重要标准是,企业文化是否符合员工的利益,又能否被员工广泛接纳。

当然，仅仅被认同与接纳是不够的。企业文化只有被员工融于行动，才能产生最大的价值。而企业文化能否融入员工行动，除了能否被员工所认同，还取决于能否被公司的管理制度所认同。只有被企业管理制度、考核制度、分配制度所吸收的企业文化才具备引领作用。如果企业文化无法融入员工行动，那么一切都是纸上谈兵。

○ 企业文化的生命在于解决冲突

优秀的企业文化一定是有实际效能的，而这样的实际效能除在企业管理中发挥作用以外，还能解决个人在工作以及企业发展中的各种决策冲突，这也是企业文化的生命所在。

《华为基本法》是华为的企业文化的集中体现，也是企业与个人决策的重要依据。当在决策过程中出现不同意见时，是否符合《华为基本法》，也就是公司的企业文化，成为决策的重要依据。优秀的企业文化通常能帮助企业做出正确的决策，而这样的企业文化不仅来自制定者的个人智慧，更有赖于企业在发展中的经验总结与积淀。

☞小贴士

《华为基本法》实际上是对任正非管理思想的集中梳理。其确定了两条基本原则:一是实行员工持股制度,二是在技术开发上的持续投入。其思想一直为外界称道和学习。

企业文化若想有效解决冲突,除表达与树立正确的价值观之外,还需要具备完备的逻辑体系。优秀的企业文化通常能解决一项决策当中"是什么""为什么""怎么做"这三个最为关键的问题。如华为的企业文化,其持续为客户创造价值的使命就解决了决策当中"是什么"的问题,即告诉企业及员工华为公司是做什么的,公司的决策都是围绕什么做出的,公司最核心的目标是什么;而其丰富人们生活的愿景,表达了华为的追求和向往,解决了"为什么"的问题,从而让决策能够被理解,获得执行的思想基础;而其为客户服务、优先满足客户需求、持续管理变更、与友商共同发展的战略,则表明了实施决策的路径与方法,解决了"怎么做"的问题。毫无疑问,这样的企业文化价值观正确,又有解决冲突的实际效能,对于凝聚员工、促进企业的发展具有巨大的推动作用。

第 3 章

通过两大要素，看清何谓
人力资源的资本化

通过两大要素,看清何谓人力资源的资本化

个人去买鹦鹉,看到 3 只鹦鹉。一只毛色光鲜的鹦鹉前面标着"此鹦鹉会 2 门语言,售价 200 元",一只鹦鹉前标着"此鹦鹉会 4 门语言,售价 400 元",而最后一只年老且毛色暗淡,却标价 800 元。这人赶紧将店主叫来问道:"为什么又老又丑,又没有特殊技能的鹦鹉值这个价格?"店主回答说:"因为另外 2 只鹦鹉叫这只老板。"

一枚鹰蛋不慎落在母鸡的窝里,被母鸡孵了出来。因此这只小鹰以为自己也是一只鸡,每天做着与母鸡一样的事情。一天,它看见一只鹰在空中展翅翱翔,于是询问母鸡:"那是什么鸟,能飞那么高?"母鸡回答道:"那是一只鹰,一种非常了不起的鸟,你不过是一只鸡,不能像它那样飞,认命吧。"于是,这只小鹰接受了这个观点,也不尝试着去飞,像鸡一样度过了自己的一生,最后也像鸡一样死去。多么可惜啊! 它本来能像鹰一样展翅高飞,却受到周围的影响,最终错过了原本的一生。由此可见,你所跟随的老板会影响你的成长。

美国经济学家舒尔茨在20世纪60年代提出把人当作"资本"而不是"资源"的人力资源资本化理论,强调劳动者作为"创造物质和精神财富的各种社会资源"的一分子,把劳动价值和资产当作同一高度的"资本"来看待,而人力资本作为对价取得相应股权的同时反映人力资本的价值。这便成为股权激励的底层逻辑体系。基于这一逻辑,员工在参与股权激励时必须要关注2大要素:一是员工取得的股权能否与员工投入的人力资本相匹配;二是员工的人力资本究竟是投资给了公司还是这家公司的老板。

要素一:

如何正确评估公司的价值

在股权激励当中,员工所获得的股权价值是其所投入的人力资本价值最直接的体现。我们相信没有人愿意用高价购买一款价值低廉的产品,而作为非专业投资者,对于自己所获得的股权价值该如何确定? 面对一家价值不高的公司向员工抛来的股权激励的橄榄枝,员工又该如何应对? 本节将一一解答。

○ **三种方法锁定企业估值**

确定公司估值的方法很多。如果员工所在的公司正在进行融资,或者已经进行了多轮融资,那么员工对自己所获得的股权价值一定有较为直观的理解与判断。如果所在的公司还未进行市场化的融资,那么股权的价值该如何确定? 下面我们将为大家介绍三种比较常用且简便的估值方法。

（1）市场比较法

市场比较法是一种快速且简便的对公司进行估值的方法，如图3-1-1所示。具体方法是，我们在其他有相似特征的公司里寻找比较对象，这些特征包括主营业务、企业规模、所在地区、经营风险、增长率、资本结构，以及现金流和时间节点等。

举个例子，王经理所在的公司主要从事智能设备的开发与生产，公司目前的基本情况与同城市刚刚完成A轮融资的友商接近，而该友商在A轮融资时的投后估值达到1亿元人民币。王经理通过比较可以初步评判自己所在公司的估值应当接近1亿元人民币。

如果缺乏类似的比较企业，可以对标同类型上市公司的各类财务数据，包括总资产、总收入、净利润、客户数量、日活跃用户数量等各类行业指标。用对标公司总市值除以各项指标，比如总市值除以净利润，即可得到对标公司的市盈率，并根据对标公司市盈率的单项指标获得目标公司的相应指标。同样，根据对标公司的总收入、净利润等获得目标公司的相应指标，从而得到目标公司的多个指标。依照多个指标获得目标公司的估值后，再根据各项指标在目标公司的重要性，衡量各个指标的权重，进行加权平均。这一步的核心在于确定各个指标的权重，比如市盈率的权重比较高、利润的权重比较高、客户数权重比较高、日活跃用户数权重比较高,等等。

比较法是最为快捷地判断公司估值的一种方法,但是由于每家公司的实际情况各不相同,有些公司甚至很难找到比较对象,所以按照比较法推断出的估值往往缺乏一定的准确性。

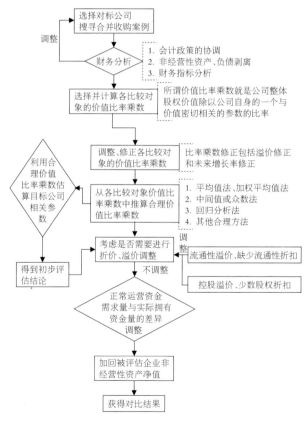

图 3-1-1　市场比较法流程

（2）资产基础法

资产基础法是指以被评估企业评估基准日的资产负债表为基础，合理评估表内及表外各项资产、负债价值，确定评估对象价值的评估方法。这种估算所依据的是公司的资产，其逻辑是公司是由资产组成的，资产本身是确定的。因此通过公司账面所反映的资产情况，可以对公司的价值进行估算。

例如，李总监所在企业属于房地产行业，目前账面上所反映的净资产价值为 10 亿元人民币，因此李总监可以初步判断自己公司的估值为 10 亿元人民币。

资产基础法能较为客观地反映公司真实的资产状况，但忽视了公司商誉、品牌等，对公司的无形资源无法进行评估。而对创业公司及轻资产运营的公司来说，创业者本身的背景、能力往往是公司值得投资的，但资产基础法并不能就此类因素进行估值，所以难以准确评估公司的价值。

比如说在首钢集团有限公司（以下简称"首钢集团"）将其持有的首钢京唐钢铁联合有限责任公司（以下简称"京唐公司"或"标的公司"）股权转让至北京京投投资控股有限公司（以下简称"京投控股"）和北京京国瑞国企改革发展基金（以下简称"京国瑞"）的交易中，首钢集团选取资产基础法进行评估，但是因为京唐公司利润持续下滑,证监会认为该评估法无法反馈京唐公司的真实估值,要求首钢集团进行说明。图3-1-2、图3-1-3为相关说明文件截图。

图3-1-2　北京首钢股份有限公司发行股份购买资产并募集
配套资金暨关联交易报告书(草案)摘要(2020年12月1日)

图3-1-3　关于北京首钢股份有限公司发行股份购买资产并
募集配套资金申请的反馈意见(2021年1月29日)

（3）收益法

收益法是指将预期收益资本化或者折现，以确定评估对象价值的评估方法。简单来说，收益法估算依据就是目标公司未来的值。收益法是预估一个未来的值，并通过未来的值进行折现。

由于未来的值本身是不确定的，所以，收益法的核心在于通过业绩预测把未来不确定的值变成确定的，对确定的未来值进行折现。

使用这种方法的步骤如下：第一步，搜集两方面的数据，一是被评估企业自身的资本结构、经营状况、历史业绩、成本结构、发展前景等数据；二是宏观和区域经济因素、所在行业现状与发展前景信息及其对企业价值的影响。

第二步，测算未来公司的股权价值。在第一步的基础上，获得企业经营性资产、溢余资产、非经营性净资产价值、长期股权投资价值、有息债务等具体数值，从而获得未来股权的全部权益价值。

第三步，将测算的未来股权价值进行折现后得到企业估值。所谓折现、贴现，实际上是进行复利反算。

假定今天公司的价值是 P，未来的价值是 V（通过对赌确定 n 年之后的价值），如果了解每年的折现率（投资人的资金成本），那么

$$P = V / (1 + 折现率)^n$$

这种方法不确定性强，因此在投融资中，如果在预期时间内收益没能达到预测水平，投资者往往会根据未来实现的金额和预测金额之间的差异进行调整，实际上就是通过对赌协议来确定。作为激励对象的员工很难通过这种方式对估值实现调整，所以在实践中应当谨慎使用。

收益法的步骤如图3-1-4所示。

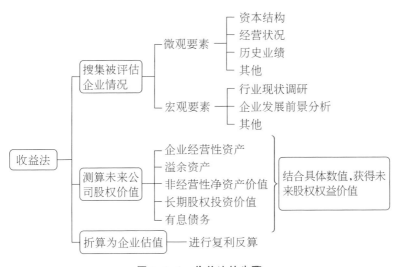

图3-1-4　收益法的步骤

三种常见的企业估值方法如表3-1-1所示。

表3-1-1 三种常见的企业估值方法

三种常见的企业估值方法		
名称	市场比较法	资产基础法	收益法
关键词	对标同类	资产与负债	预估与评价
概括	在类似特征的公司里寻找比较对象,这些特征包括主营业务、企业规模、所在地区、经营风险、增长率、资本结构,以及现金流和时间节点等	以被评估企业评估基准日的资产负债表为基础,合理评估表内及表外各项资产、负债价值,确定评估对象价值	将预期收益资本化或者折现,确定评估对象价值

○ **如何对赌估值低的企业**

如果我们所在的企业估值较低,这是否意味着不值得我们付出自己的人力资本?如何判断我们所在的公司是否被低估?如何在投资人力资本的过程中实现自身价值的最大化?

(1)所在公司的估值是否被低估

我们也许有这样的疑问:所在公司目前估值很低,甚至没有投资人愿意投资,这是否说明这家公司真的没有价值,还是价值被远远低估了?

其实,公司的估值并不能真正反映一家企业的实际价值。正如上文所说,每一种估值方法都有缺陷,都无法反映企业的真实价值。因此在实践当中除公司估值之外,我们还应当从以下几个角度考虑公司的发展前景,以便做出正确的判断。

第一,净资产收益率。

净资产收益率,又称股东权益报酬率、净值报酬率、权益报酬率、权益利润率、净资产利润率等。计算方式为:净资产收益率＝公司的净利润/平均净资产。其中,平均净资产＝(年初净资产＋年末净资产)/2。

这个指标反映公司净资产的收益水平,用于衡量公司运用自有资本的效率。这个指标越高,说明投资带来的收益越高,也就是说,企业的投资价值越高。从目前的经验看,净资产收益率在10%以上的属于较好,20%以上的即优秀。如果你所在的公司估值较低,但是净资产收益率比较高,那公司就值得投资。

第二,资产负债率。

资产负债率是指企业负债总额在企业资产总额中的占比。这个指标既反映了所在企业的风险等级,也反映了企业举债经营的能力。计算方式为:资产负债率＝总负债/总资产。

资产负债率能够揭示出企业的全部资金来源中有多少是由债权人提供的,这是评价公司负债水平的综合指标,同时也是一项衡量公司利用债权人资金进行经营活动的能力的指标。一般认为,资产负债率在40%—60%之间为宜。如果你所在公司的资产负债率在这一区间,同时公司处于良好的经营状态,且公司的盈利能够覆盖负债的借入成本,那就说明你所在的公司是值得投资的。

第三,现金流。

现金流是现代理财学中的一个重要概念,是指企业在一定会计期间按照现金收付实现制,通过一定的经济活动(包括经营活动、投资活动、筹资活动和非经常性项目)而产生的现金流入、现金流出及总量的总称,即企业在一定时期内现金与现金等价物的流入和流出的数量。

现金流中的现金,不是我们通常所理解的手持现金,而是指企业的库存现金和银行存款,还包括现金等价物(即企业持有的期限短、流动性强、容易转换为已知金额现金、价值变动风险很小的投资)。现金流按其来源可分为三类:经营活动产生的现金流、投资活动产生的现金流和筹资活动产生的现金流。

在现代企业的发展过程中,决定企业兴衰存亡的是现金流,最能反映企业本质的是现金流,在众多价值评价指标中基于现金流的评价是最具权威性的,它比传统的利润指标更能说明企业的盈利质量。

首先,鉴于增加投资收益等非经常性项目操纵利润的缺陷,现金流量只计算营业利润,将非经常性收益排除在外。

其次,会计利润是按照权责发生制确定的,可以通过虚假销售、提前确认销售、扩大赊销范围或者关联交易调节利润。而现金流是根据收付实现制确定的,上述调节利润的方法无法取得现金因而不能增加现金流。可见,现金流指标可以弥补利润指标在反映公司真实盈利能力上的缺陷。

因此如果所在公司有良好的现金流,那么这家公司值得投资。企业估值的重要参考指标如表3-1-2所示。

表3-1-2 企业估值的重要参考指标

企业估值的重要参考指标		
	净资产收益率	资产负债率	现金流
计算公式	净资产收益率=公司的净利润/平均净资产,其中,平均净资产=(年初净资产+年末净资产)/2	资产负债率=总负债/总资产	现金流=净利润+折旧=(营业收入-相关现金流出-折旧)×(1-税率)+折旧
作用	反映公司净资产的收益水平,用以衡量公司运用自有资本的效率。这个指标越高,说明投资带来的收益越高,也就是说,企业的投资价值越高	反映了所在企业的风险等级,也反映了企业举债经营的能力	反映了企业本期内增加或减少的现金及现金等价数额

（2）如何在估值低、潜力大的企业中实现人力资本利益的最大化

经过判断，你所在的公司属于估值低、潜力大的企业，那么如何正确地投入自身人力资本，实现投资利益的最大化呢？

第一，确定合适的投资时机。

常言道："是金子迟早会发光的。"一些潜力大的公司在发展过程中，其估值往往会获得市场的认可。所以对于这一类企业要尽早投资，以免错过最佳的投资时机。

第二，尽量采取风险较小的投资形式。

由于这一类企业往往属于初创型企业，在未来的发展中具有不确定性，建议采用风险较小的投资形式，如股权期权，或者在职分红、股权增值权等虚拟股权，以降低自身的投资风险。

第三，"别把鸡蛋放在一个篮子里"。

为了确保自身人力资本的价值能够得到全面的体现，也避免公司发展不及预期对自身利益的影响，在将自身人力资本投入这类企业中应当避免选择股权激励比例过高的方式，可以在前期同公司沟通选择"适宜的工资＋持续性的少量的激励股权"的方式，在保障自身利益的同时降低人力资本的投资风险。

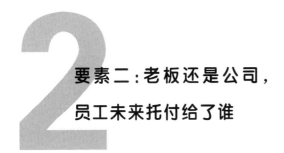

要素二:老板还是公司,
员工未来托付给了谁

我们强调有限责任公司具有很强的人合性。所谓人合性就是
说公司若想取得成功离不开人,而其中最重要的就是公司的掌舵
者——老板。我们前面说过合伙创业就是融资、融智的过程,一个
有能力的老板一定具备整合资源和凝聚人心的能力。如何判断一
个老板是否值得托付,本节将一一解答。

○员工应该警惕这三类老板

人力资本与其他形式的资本不同。每个人都有自己的"黄金
期",因此,人力资本有很强的时间性,这也意味着巨大的投资风险
与代价。在投入自身的人力资本之前,应该警惕以下几类老板。

（1）技术型

很多创业公司,尤其是科技型公司的创立往往是因为老板个人拥有某项专业技术,或者在技术领域有很深的研究与造诣。但是,经营企业是一个市场化的过程,再强的技术实力如果没有市场化、商业化,就会被淘汰。如果一个老板仅仅专注于技术研发,而缺乏企业战略制定与资源整合的能力,必然将企业带向一个极端,难以获得持久的进步与发展。

（2）财聚人散型

心理学上有个概念叫互惠法则,即一个人一旦接受了他人的恩惠,其心理上就会产生一种负债感,这种负债感将促使人必须以一种回报的方式去对待对方。所谓"投桃报李"就是这个道理。企业管理也是如此,我们前面说过,一家优秀的企业必须是一个事业共同体,正所谓财聚则人散、财散则人聚。企业老板愿意给予员工充分的利益时,员工自然会以各种途径回馈企业。有舍得花钱的老板,有正确的压力传导方式,才能让企业有持续的战斗力。如果说一家公司的老板缺乏共享精神,那他势必缺少资源整合的能力与手段,难以凝聚众人的力量,而这必将影响企业的长久发展。

☞小贴士

多层级、多种类的星巴克股权激励制度，

才是星巴克在全球制胜的法宝

零售业和餐饮业的兴衰成败在很大程度上取决于它的服务水平，而这类企业服务员的收入却是很低的，流动性也很大。许多以服务为主的企业都以削减员工的福利待遇来压缩经营成本，以谋求短期的利润，而这无疑会导致企业内部凝聚力的下降、员工的流失，最终导致企业核心竞争力的下降。从长期来讲，这会严重影响企业的品牌声誉。

星巴克意识到员工在品牌传播中的重要性。它认为，品牌的传播需要依靠顾客非常良好的消费体验。而这意味着店员必须非常熟悉公司的所有产品，能够热情地向顾客传递公司的咖啡文化，并且有足够的技能和个性提供一致的令人愉快的服务。因此，增进管理层和雇员之间的信任，吸引和激励那些努力工作并有优秀绩效表现的员工显得尤为重要。为此，星巴克开创了自己的品牌管理方法，将本来用于广告的支出用于员工的福利和培训。

（3）优柔寡断型

做任何事情，要想成功，都需要很强的决断力，不能优柔寡断，

105

尤其是对生意场上打拼的人来说更是如此。滴滴创始人王刚曾经说过,优柔寡断会害死整个团队。优柔寡断意味着低效,意味你将会和机遇擦身而过。古往今来,成大事者无一优柔寡断之人。生意场上最大的忌讳就是无法果断决绝,如果你的老板是一个拿不定主意、做事不够决绝的人,即便其再大度,员工也应当警惕。

○ 好老板不如有眼光的老板

史玉柱和他的集团,可谓命运多舛。史玉柱从一穷二白的创业青年到《福布斯》排名第8的中国内地富豪后,遭受几乎是毁灭性的失败,成为负债2.5亿元之巨的全国"首负",之后迅速崛起甚至超越以往的成就,成为身家500亿元的内地新"首富"。这一传奇告诉我们企业家的战略能力对于企业发展的重要性。英国银行家、金融家内森·罗斯柴尔德(Nathan Rothschild)曾说,赚大钱的时机是炮弹降落港口而非小提琴在舞厅演奏的时候。罗斯柴尔德明白,环境越不可预料,机会就越大,而这需要领导者拥有极强的战略能力。

史玉柱的成功史如表3-2-1所示。

表3-2-1　史玉柱成功史(以时间为节点)

年份	主要事迹
1991年	创立巨人公司,退出M-6403
1995年	在《福布斯》内地富豪榜第8位
1997年	巨人大厦未按期完工,巨人集团名存实亡
2000年	再度创业,开展"脑白金"业务
2001年	在上海注册巨人公司,谋求上市
2007年	巨人网络成功登陆美国纽约证券交易所
2013年	辞去巨人网络CEO一职
2016年	回归巨人网络

有独到眼光的老板,往往是那些有战略意识和战略管理能力的领导者。企业战略管理对企业起着至关重要的作用。在企业的发展过程中,战略管理在不同方面、不同时期有不同的影响。战略管理是指一个企业或组织在一定时期的全局的、长远的发展方向、目标、任务和政策,以及与资源调配相关的决策与管理艺术。战略管理和传统经营的不同之处在于,战略管理是指面向未来的,能够动态地、连续地完成从决策到实现的过程。战略管理可以被视为一种管理思想。从战略意义上管理企业,强调的是一种战略意识,或者说是一种战略性思维的应用,是一种分析问题解决问题的思

路。战略管理是系统性的,意在从长远和全局的角度认识企业的管理,从根源上解决问题。

据沃顿商学院的研究,一个能把握机会的战略型领导者通常具备以下特点:

第一,预见能力。

大多数组织者和领导者都不善于发现在他们业务边缘的模糊风险和机会。众所周知,Coor啤酒的管理者很晚才看到低碳啤酒的趋势,乐高的管理层错失了游戏和玩具领域的电子革命。战略型领导者则会随时保持警惕,通过审视环境变化的信号来锤炼自己的预见能力。

第二,挑战性思维。

战略性思维者质疑现状。他们挑战自己和别人的假设,鼓励从不同视角出发。只有从多视角考虑并检视问题之后,他们才会采取决定性的行动。这需要耐心、勇气和开放的心态。正因为如此,一个优秀的战略性思维者能够发现独特的市场商机,进而使企业获得成功。

第三,阐释能力。

芬兰前总统 J. K. 巴锡基维(J. K. Paasikivi)曾说过:"智慧源自识别事实,并加以辨别和重新思考,直至揭示其隐藏含义。"不可避免地,对正确道路提出挑战的领导者将会引出复杂和冲突的信息。这就是为什么领导者还要善于阐释。好的领导者应该综合所得信息,从含糊中找到出路和新见解,而不是条件反射地去看或听自己预期的东西。

一家美国食品公司的首席营销官利兹,曾为公司的低碳蛋糕生产线做市场营销计划。那时候阿特金斯健康饮食法很流行,每个公司都有一项低碳战略。但是利兹注意到,在与她交谈过的客户中,没有人会因为自己的低碳节食计划而不吃零食。相反,一个人数增长很快的细分人群——糖尿病人却会因为这些零食含糖而选择不吃。利兹认为她的公司如果致力于服务糖尿病患者而不是反复无常的节食者,应该可以实现更高的销售目标。她找出事物之间的联系,最终让产品从低碳蛋糕变为无糖蛋糕,实现了盈利模式的改变。

第四,决策能力。

在不确定的时期,决策者可能不得不在没有完整信息的情况下做出艰难的决定,而且通常需要很快作出决定。但是战略性思维者一开始就坚持多种选择,并且不过早受困于简单的做或不做的选项。他们不莽撞行事,而是遵从一套行为准则,这套准则平衡了精准和速度,考虑了各种因素和长短期目标。战略型领导者必须有勇气坚定自己的信念,而这样的信念源于他们自有的一套严密的决策流程。他们对自己决策的依据、考虑的因素充满自信,而这种自信往往可以最大限度地提高决策的执行力,使决策得以落地。

第五,协调能力。

战略性领导者必须善于找到团队不同成员的共同点,得到拥有不同意见和目的的利益相关者的认同。这对于领导一个团队、实现团队发展尤为重要。而要实现这一点不仅需要领导者善于发现团队不同成员身上的特点,还需要领导者具有主动沟通的能力,愿意通过频繁的沟通与团队成员建立互信互利的关系,求同存异。

第六,学习能力。

著名的新闻工作者、政论家邓拓曾经说过,知识就是积累起来的,经验也是积累起来的,我们对任何事情都不应该如"过眼云烟"。而一个战略性领导者往往是一个组织的学习焦点。大多数战略性领导者往往会在团队中推行一种激发团队成员不断探索的企业文化,激励团队成员无论是在成功还是在失败中都能找出经验和教训。战略性领导者所领导的团队不回避团队的失败,也不会盲目地将团队的失败归因于某个个人,而是以一种公开的形式总结经验,找出隐藏的问题,激励团队不断前行。

第 4 章

股权激励，
员工的蛋糕在哪里

第4章

股权激励，员工的蛋糕在哪里

巴菲特曾经说过，你所找寻的出路就是想出一个好方法，然后持之以恒地去做，尽最大可能，直到把梦想变成现实。股权激励正是这样。或许刚刚获得激励股权时，员工仅有微薄的分红甚至连分红都没有，也看不到短期内公司股价暴涨或IPO的可能。但是，如果相信自己的公司在从事非常有价值的事业，而自己和所有同事也将为了这份事业奉献出自己的力量，那么只要认真做好自己的工作，并且持之以恒，蛋糕就在前方。

1

股权分红另有学问

我们在前文中已经为大家介绍过股权分红是最直接的收入形式。下面我们将详细介绍公司分红是如何进行的。

○ **企业股权利润分配的法定程序**

根据《中华人民共和国公司法》(以下简称"《公司法》",自2024年7月1日起实施),我们得知:

第一,公司的盈利总额并不等于可分配利润。公司在结算盈利时,首先要考虑纳税情况,如不存在弥补以前年度亏损的情况下,公司本年的利润总额减去本年应缴所得税费用,即公司本年净利润。本年净利润与年初未分配利润(或亏损)合并,即当年可供分配的利润(假定为正数,负数就不能进行后续分配了)。

股权激励,员工的蛋糕在哪里

第二,公司分配当年税后利润时,应当提取利润的10%列入公司法定公积金。公司法定公积金累计额为公司注册资本的50%以上的,可以不再提取。公司的法定公积金不足以弥补以前年度亏损的,在依照前款规定提取法定公积金之前,应当先用当年利润弥补亏损。

第三,公司从税后利润中提取法定公积金后,经股东会决议,还可以从税后利润中提取任意公积金。

第四,公司弥补亏损和提取公积金后所余税后利润,有限责任公司股东按照实缴的出资比例分取红利,全体股东约定不按照出资比例分取红利的除外;股份有限公司按照股东持有的股份比例分配,但股份有限公司章程规定不按持股比例分配的除外。

第五,董事会制订公司的利润分配方案。《公司法》规定,作为公司执行机构,公司的董事会要根据公司的实际情况制订公司的利润分配方案,该方案包括公司资产负债、利润、各类公积金的计提比例,以及可分配利润的金额。

第六,股东会通过审议批准公司的利润分配方案。股东会根据董事会所制订的方案进行审议,并通过相应的方案实施。

依据《公司法》,公司在分红前需要计提法定公积金和任意公积金,只有在计提完成后才能进行利润分配。如果公司违反规定,在公司弥补亏损和提取法定公积金之前向股东分配利润,股东必须将违反规定分配的利润退还公司;给公司造成损失的,股东及负有责任的董事、监事、高级管理人员应当承担赔偿责任。所以说,公司所得利润并不能全部用于分红,而是根据公司的经营在计提完公积金之后才能进行利润的分配。

企业股权利润分配的法定程序如图4-1-1所示。

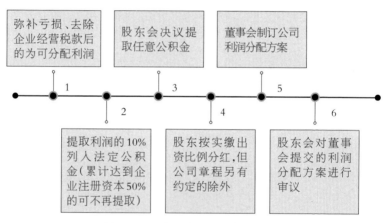

图4-1-1　企业分配利润的法定程序

○ 企业股权利润分配的商业惯例

公司进行分红,除了受到《公司法》的影响,还受到商业惯例的影响。

股权激励,员工的蛋糕在哪里

第一,创业初期往往不进行分红。

公司在创业初期,考虑到公司扩大经营规模、提升公司净资产,以及股东可能持续对公司的投入,如果先分红再投入,中间可能会增加相应的税收负担。通常情况下,公司并不会选择分配过多的公司利润,而是将利润"储存起来"用于公司的发展。而这些企业在章程或股东协议中往往会约定:"股东承诺并一致同意,考虑到目标公司前期创业的巨大投入,目标公司在设立后5年内所获得的利润用于公司日常经营,不进行利润分配。"

第二,分红需考虑公平性问题。

公平性是分红的关键问题。《公司法》第二百一十条第四款规定:"公司弥补亏损和提取公积金后所余税后利润,有限责任公司按照股东实缴的出资比例分配利润,全体股东约定不按照出资比例分配利润的除外;股份有限公司按照股东所持有的股份比例分配利润,公司章程另有规定的除外。"很多企业选择按各股东的出资比例进行分红,这种分配方式看似合理,其实不然。分红不但应考虑出资比例,还应考虑贡献值,毕竟在合伙创业中每个人的贡献程度不同,所以通常企业在分红时应根据股东贡献进行差异化分配。需要注意的是,如果采用分红比例与实缴比例差异化分配方案,需经全体股东一致同意。

对此,我们往往会建议企业采取"动态调整"的机制。在企业发展的不同阶段,按照贡献值的大小匹配不同的分配额度,这种分配方式相较于按固定比例进行分红具有一定的合理性。这也意味着公司需要事先建立较为详细的动态调整操作规则,否则在调整过程中容易产生纠纷。

第三,分红不是想什么时候分就能什么时候分。

什么时间分红是有讲究的。一般来说,每年年底分红是很多公司的惯例。当然根据行业性质的不同,有些公司会选择在每年的某个季度进行分红。比如,旺季过后,即将进入淡季,这个时候可以核算一下公司盈利,预留出下一步的运作资金,把剩下的钱用于分红。

第四,将分红作为公司解决股东纠纷的工具。

在企业发展过程中遇到股东纠纷,尤其是股东之间因经营理念不同而产生纠纷时,分红往往会成为解决股东纠纷的实用工具。在实践中,通过将公司历史利润向个别股东进行倾斜性分配作为其退出的条件,往往可以化解部分因股东纠纷所产生的公司治理僵局。

表4-1-1展示了法律对不同类型企业分红的规定。

表4-1-1　法律对不同类型企业分红的规定

公司制		合伙制	
有限责任公司	股份有限公司	普通合伙企业	有限合伙企业
股东按照实缴的出资比例分取红利,当公司新增资本时,股东有权优先按照实缴的出资比例认缴出资。但是,全体股东约定不按照出资比例分取红利	考虑到股份有限公司的资合性,遵循同股同权原则,根据持股比例进行分配,但公司章程另有约定的除外	合伙企业的利润分配、亏损分担,按照合伙协议的约定办理;合伙协议未约定或者约定不明确的,由合伙人协商决定;协商不成的,由合伙人按照实缴出资比例分配、分担;无法确定出资比例的,由合伙人平均分配、分担	按照合伙协议约定进行分红,除合伙协议另有约定,否则有限合伙企业不得将全部利润分配给部分合伙人

除了公司分红，还有哪些收益

在前文中我们介绍了股权增值部分可以给激励对象带来的具体收益，而该部分收益主要通过股权受让与转让时的差额得以实现。

我们在前面的章节（第2章第3节）中，通过几个案例测算过股权在转让中所产生的增值收益。公司还在发展阶段时，员工成为激励对象并且购买公司股权；后公司发展壮大，股价增值，在激励对象执行退出程序，将股权转让后，其价格就比刚进行股权激励时高很多。这前后的差额就是激励对象的增值收益。只要公司发展状况好，股权的价值就会不断增长，激励对象就可以得到股权增值收益。

3 参与股权激励就有管理公司的权利吗

在2021年的上海车展上，几乎所有车企都把重头戏放到了新能源汽车上。上海汽车集团股份有限公司（简称"上汽集团"）首次参展的智己汽车，没有悬念地出现在所在展馆的C位。4月20日，智己汽车科技有限公司旗下首款豪华纯电智能轿车智己L7"天使轮版"正式开启预售，第1批200个预售名额在2分12秒就被抢光；4月21日，第2批200个名额仅仅花了1分42秒就被抢光。这与智己汽车科技有限公司全球首创的"ESOP+CSOP"持股平台密不可分。

智己汽车科技有限公司从最根本的公司架构入手，首创"ESOP+CSOP"持股平台，从股权结构上构建了核心员工与用户的"双轮驱动"。据官方披露，智己汽车科技有限公司注册资本100亿元。其中，上汽集团持有54%的股权，上海张江高科技园区开发股份有限公司与阿里巴巴分别持有18%的股权,剩余10%的股权划分为5.1%(ESOP,核心员工持股平台)和4.9%(CSOP,用户权益平台,也即车主持股)。显然在CSOP中,车主仅享有收益权,不可能参与公司管理,否则公司将严重失控。这就说明即使获得股权,也不代表可以参与公司的管理。[①]智己汽车科技有限公司股权结构如图4-3-1所示。

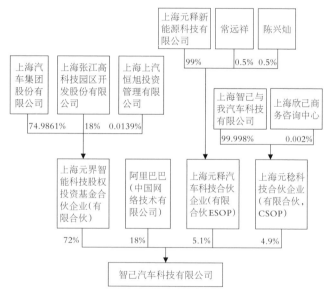

注:股权结构图查询日期为2021年5月19日

图4-3-1 智己汽车科技有限公司股权结构

---

① 资料来源:https://mp.weixin.qq.com/s/aQc_pYYEwp3ARXiceB6W_Q。

股权激励,员工的蛋糕在哪里

虽然我们一直强调事业共同体的概念,强调在公司发展过程中员工参与公司经营管理的重要性,但这是否就意味着激励对象同公司其他股东拥有一样的权利?而激励对象与普通员工的权利又有哪些区别,下面将为大家进行解答。

○股权激励对象所持有的股权是否与其他股东存在差异

不能把股权简单理解为分红权、投票权,更不能理解为股东对公司的所有权。股权实际上是一种复合型权利,其中包含股东资产收益权、股权转让权、优先购买权、优先认购权、剩余财产的分配权、异议股东的回购权、解散公司、确认公司决议无效、撤销公司等的请求权、知情权、质询权等。这些权利有的是股东为了从公司获得经济利益而行使的权利,如分红权等,我们称为自益权;有的是为了参与公司经营而行使的权利,如投票权等,我们称为共益权。

作为激励对象,你所持有的股权享有哪些权益,与其他股东是否存在差异,取决于以下因素:

(1)所参与的是何种激励模式

不同的激励模式对应不同的权利。如果公司所采取的是期权模式,那么如前文所述,在行权前,由于激励对象并没有实际掌握公司的股权,所以不享有相应的股权;如果公司采取的是虚拟股权的模式,那么由于激励对象手中的股权不是公司真正意义上的股权,激励对象同样也无法单凭参与股权激励而享有与其他股东相同的权利。而如果激励对象以限制性股权的方式参与股权激励,尽管其手中的股权受到限制,但是一般来说,限制性股权只限制激励对象出售股权,在没有特殊的情况下,不会对其他方面的权利进行限制,当然具体要根据实际的约定方案来判断。常见的股权激励模式的差异如图4-3-2所示。

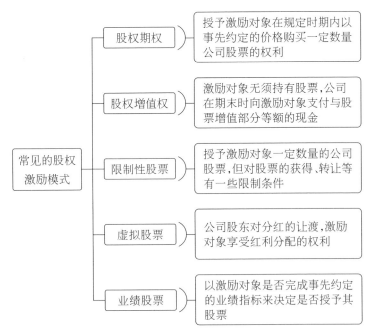

图4-3-2 常见的股权激励模式的差异

（2）按照资本多数决的原则

股东行使自身权利的最直接的方式就是通过公司的股东会。公司股东会是一家公司的最高权力机构，这意味着其在公司拥有最高的权力，而公司股东则需要通过向公司股东会提案、表决的方式实现自身权利。这也意味着激励对象所拥有的权利与所持的表决权比例有很大的关系。注意，激励对象所持有的股权比例与所持有的表决权比例并不能完全画等号。《公司法》第六十五条规定："股东会会议由股东按照出资比例行使表决权；但是，公司章程另有规定的除外。"这就意味着如果公司章程另有约定，那么你所行使的表决权比例与自己的出资比例可能不能完全挂钩，表决权的大小取决于公司章程的具体规定，而股东权利的多少毫无疑问与其所持有的表决权比例成正比。具体的权利我们将通过一些数字加以说明。

· 51%（相对控制权）、67%（绝对控制权）

很多人会特别关注"51%"，认为当自己所持有的股权过半数时就掌握了这家公司的控制权，实际上控制权的问题远比"过半数"复杂得多。如前文所述，所持股权比例并不意味着所持表决权的比例。《公司法》第六十六条规定："股东会的议事方式和表决程序，除本法有规定的外，由公司章程规定。

125

"股东会作出决议,应当经代表过半数表决权的股东通过。

"股东会作出修改公司章程、增加或者减少注册资本的决议,以及公司合并、分立、解散或者变更公司形式的决议,应当经代表三分之二以上表决权的股东通过。"

依据以上规定,首先关于有限责任公司表决权的比例问题,《公司法》给了一个很大的自治空间,这就意味着公司股东可以在法律授权的范围内根据实际需求自行设置相应的表决权比例。同时,参照股份有限公司的决议程序,对于一般事项,掌握51%股权的股东拥有决定权,而对于修改公司章程、增加或者减少注册资本的决议,以及公司合并、分立、解散或者变更公司形式的决议必须经过67%以上表决权的股东表决通过。因此,在章程无特别规定的情况下,无论是有限责任公司还是股份有限公司,股东持有51%的股权仅拥有对一般事项的控制权,对于一些重大事项需要持有67%以上的表决权才能有绝对控制权。

· 34%(重大事项一票否决权)

34%是绝对控制权的相对数值。对于难以获得相对或绝对控制权的股东来说,拥有34%的股权就相当于在重大事项表决中具有一票否决权。

股权激励.员工的蛋糕在哪里

· 10%(召集会议、提案、解散公司)

《公司法》赋予了单独或合计持有10%以上股权的股东相关权利。针对有限责任公司股东会的召开,《公司法》第六十二条规定:"股东会会议分为定期会议和临时会议。定期会议应当按照公司章程的规定按时召开。代表十分之一以上表决权的股东、三分之一以上的董事或者监事会提议召开临时会议的,应当召开临时会议。"此外,针对股份有限公司股东会、董事会的召开,第一百一十三条规定:"股东会应当每年召开一次年会。有下列情形之一的,应当在两个月内召开临时股东会会议:……(三)单独或者合计持有公司百分之十以上股份的股东请求时;……"《公司法》第一百二十三条规定:"董事会每年度至少召开两次会议,每次会议应当于会议召开十日前通知全体董事和监事。代表十分之一以上表决权的股东、三分之一以上董事或者监事会,可以提议召开临时董事会会议。董事长应当自接到提议后十日内,召集和主持董事会会议。董事会召开临时会议,可以另定召集董事会的通知方式和通知时限。"简单来说,就是《公司法》赋予了合计或单独持有10%以上表决权的股东召集和主持股东会、董事会的权利。这对于股东积极参与公司治理具有非常重要的意义。

除了享有召开相关会议的权利外,《公司法》第二百三十一条规定:"公司经营管理发生严重困难,继续存续会使股东利益受到重大损失,通过其他途径不能解决的,持有公司百分之十以上表决权的股东,可以请求人民法院解散公司。"

· 1%(股东代表诉讼)

股东代表诉讼又称派生诉讼、股东代位诉讼,是指当公司的合法权益受到不法侵害而公司却怠于起诉时,公司的股东即以自己的名义起诉,所获赔偿归公司所有的一种诉讼形态。

《公司法》第一百八十九条规定:"董事、高级管理人员有前条规定的情形的,有限责任公司的股东、股份有限公司连续一百八十日以上单独或者合计持有公司百分之一以上股份的股东,可以书面请求监事会向人民法院提起诉讼;监事有前条规定的情形的,前述股东可以书面请求董事会向人民法院提起诉讼。

"监事会或者董事会收到前款规定的股东书面请求后拒绝提起诉讼,或者自收到请求之日起三十日内未提起诉讼,或者情况紧急、不立即提起诉讼将会使公司利益受到难以弥补的损害的,前款规定的股东有权为公司利益以自己的名义直接向人民法院提起诉讼。

"他人侵犯公司合法权益,给公司造成损失的,本条第一款规定的股东可以依照前两款的规定向人民法院提起诉讼。"

股权激励,员工的蛋糕在哪里

· 0.0···1%(知情权)

股东知情权,是指公司的股东有查阅、复制公司章程、股东名册、股东会会议记录、董事会会议决议、监事会会议决议和财务会计报告的权利,也就是所谓的"查账权"。在有限公司的组织架构下,只要持有公司的股权,无论多少,哪怕是0.001%,都可以根据《公司法》的规定行使股东知情权,查阅、复制前述材料。

值得一提的是,《公司法》第五十七条第二款"股东可以要求查阅公司会计账簿、会计凭证······",首次明确了有限责任公司股东除了可以要求查阅公司会计账簿外,还可以要求查阅公司的会计凭证。该款同时规定,有限公司责任公司股东,向公司提出书面请求,说明目的。除非公司有合理根据认为股东查阅会计账簿、会计凭证有不正当目的,可能损害公司合法利益,否则不得拒绝提供上述查阅材料。并且如果公司拒绝提供,股东可以向人民法院提起诉讼。《公司法》将股东知情权的范围扩大至公司的会计凭证,这将使得股东对公司的监督作用进一步加强。第二,股东不但可以自己查账,还可以委托会计师事务所、律师事务所等中介机构查阅、复制相关材料。第三,《公司法》不仅规定股东可以对自己直接投资的公司行使查账权,同样也赋予了股东要求查阅、复制公司全资子公司相关材料的权利,这进一步扩大了股东知情权行使的范围。

另外,股份有限公司的股东同样享有知情权,只是其权利的行使范围与条件相较于有限责任公司的股东有所减少。《公司法》第一百一十条规定:"股东有权查阅、复制公司章程、股东名册、股东会会议记录、董事会会议决议、监事会会议决议、财务会计报告,对公司的经营提出建议或者质询。

"连续一百八十日以上单独或者合计持有公司百分之三以上股份的股东要求查阅公司的会计账簿、会计凭证的,适用本法第五十七条第二款、第三款、第四款的规定。公司章程对持股比例有较低规定的,从其规定。

"股东要求查阅、复制公司全资子公司相关材料的,适用前两款的规定。"

这较之前的《公司法》,其权利的行使范围是扩大的。但是如果想要查阅会计账簿、会计凭证,需要满足2个条件:一是需要连续180日以上单独或者合计持有公司3%以上股份的股东才可以行使该权利;二是需要和有限责任公司股东一样向公司申请,经公司同意后方可查询。此外,《公司法》同样赋予股份有限公司股东要求查阅、复制全资子公司相关材料的权利。

股东不同持股比例权益对比如表4-3-1所示。

表4-3-1　股东不同持股比例权益对比

股东不同持股比例权益对比					
持股比例	67%	51%	34%	10%	1%	0.0…1%
享有权利	绝对控制权	相对控制权	重大事项的一票否决权	召集会议、请求解散公司的权利	股东代表诉讼权利	知情权
备注	公司章程另有规定的除外			/	股份有限公司股东还要求连续持股一百八十日以上	如需查阅会计账簿、会计凭证的,股份有限公司股东需要满足连续一百八十日以上单独或者合计持有公司3%以上股份的条件

（3）持股的方式

员工的持股方式将影响其股东权利。持股的方式很多,包括直接持有公司股权,以及通过持股平台或股权代持的方式间接持有公司股权。关于持股的方式具体会在第6章展开,此处不再赘述,但需要注意的是,如果你是通过持股平台或者股权代持的方式间接持有公司股权,那么你将无法直接对公司行使表决权,这将对你所拥有的股东权利产生一定的影响。

（4）股权的限制性规则

相较于其他获得公司股权的方式,股权激励由于激励对象同时拥有股东与公司员工双重身份,在股权激励计划或类似的股东协议、股权激励协议中,公司会对股东权利进行较多的限制性规定,如离职时需要将股权以实际控制人回购的方式归还公司,表决权的形式需同实际控制人保持一致,等等。这些限制性的规定将影响股东权利的行使范围。

○股东会与董事会如何进行表决

参与公司股东会与董事会的表决是参与公司管理最直接的途径。前面已经对公司股东会的运作进行了介绍,实际上只要是公司的股东都可以参加股东会,各股东的表决权比例与股东持有的股权数量有关。这里将为大家重点介绍公司的董事会是如何运作的。

董事会的表决与股东会的表决有很大的区别,体现在如下几个方面:

第一,机构的组成人员不同。

股东会由股东组成,而董事会则由公司董事组成,这就意味着并非所有的公司股东都可以参与董事会的表决。一般来说,公司章程规定股东享有选举或被选举为董事的权利。如果公司的股东想参与董事会的表决,就必须先被选举为董事,或者其持有的股权比例较大，能够派遣董事参加董事会。

第二，表决规则不同。

董事会的表决并非按照股东持有的股权比例，而是一人一票，即一个董事只有一个表决权，而董事会提案的通过比例则需要参照公司章程所规定的通过比例。在公司章程没有特殊规定的情况下，董事会若要形成一项有效的议案，单从表决比例上来看则需要过半数董事通过。这意味着对公司董事会的控制程度与直接控制的董事数量成正比。也就是说，直接控制的董事人数越多，那么对公司董事会所形成的控制权就越大。

第三，权力范围不同。

董事会和股东会的权力范围有很大的差异。由于本次《公司法》的修订，公司的治理结构也发生了变化。股东会在日常经营上的职权出现了缩减，取消了股东会决定公司经营方针、投资计划的职权以及审议批准公司年度财务预算方案、决算方案两项重要职权；同时对发行公司债券作出决议的职权也有了授权性的规定，即该权利可以授权给董事会行使。在此之下，股东会所拥有的公司职权包括选举和更换董事、监事，审议批准利润分配方案和亏损弥补方案，增加或者减少注册资本，决定公司合并、分立、解散或变更公司形式，以及修改公司章程等。

而董事会的权利行使范围出现了扩大的趋势。《公司法》已无"董事会对股东会负责"的描述,增加了董事及董事会对股东的出资情况进行核查的权力。《公司法》第五十一条规定:"有限责任公司成立后,董事会应当对股东的出资情况进行核查,发现股东未按期足额缴纳公司章程规定的出资的,应当由公司向该股东发出书面催缴书,催缴出资。未及时履行前款规定的义务,给公司造成损失的,负有责任的董事应当承担赔偿责任。"此外,股东未按照公司章程规定的出资日期缴纳出资,公司给予不少于六十日的宽限期后股东仍未履行出资义务的,董事会可决议向该股东发出失权通知,自通知发出之日起,该股东丧失其未缴纳出资的股权。这表明董事会除执行股东会决议外,还有维护公司注册资本充实的权利与义务,甚至可以直接决议让未足额缴纳出资的股东"失权",可见董事会的权力绝非一般。

值得一提的是,《公司法》还规定了有限责任公司可以不设置监事会、监事,而是在董事会下设由董事组成的审计委员会,行使本法规定的监事会的职权。这进一步标志着董事会在公司治理中的地位的提升。

基于《公司法》,二元制的公司治理模式如图4-3-3所示。

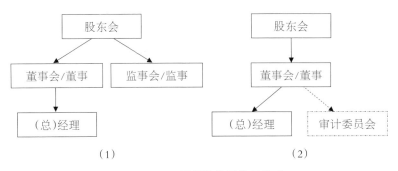

图 4-3-3 二元制的公司治理模式

○如果无法参与公司股东会、董事会,员工的管理权在哪里

股权激励确实不能让大多数员工通过股东会与董事会参与公司的管理,因为从实务经验看,大多数老板进行激励的目的是激励员工提高公司的业绩。基于这样的股权激励目的,老板制订出来的股权激励方案往往会对激励对象参与公司管理的权利进行限制,甚至在持股方式上直接阻断员工行使其管理权,但这并不意味着激励对象无法参与企业的管理。除了在公司的顶层架构中实现对公司的管理外,通过行使自身的职权也是重要的实现管理的方式。如积极履行自身职责,创造自身的岗位价值,体现自身的管理能力。

在现代企业中,随着人才专业性的不断细分,公司高级管理人员的岗位也在不断细化,我们经常可以听到公司中的 CEO、CTO、CFO、COO 等。这些称呼当中的第一个字母往往是"C",这是英文

"Chief"(首席)的首字母;而第三个字母"O",是"Officer"(官员)的首字母。因此,"C×O"就是指代公司某些岗位的首席管理者。下面我们一起来看看部分高管称谓背后的岗位含义,以及其一般性的岗位职责与权利。

(1)首席执行官

首席执行官(Chief Executive officer,CEO)负责公司业务运营,在董事会之下拥有公司业务运营最终的执行、经营、管理和决策权,其职位与总经理类似。

(2)首席财务官

首席财务官(Chief Financial Officer,CFO)负责公司财务事务,一般是公司的财务负责人。首席财务官负责财务、会计、投资、融资等事务。公司的财务部门、会计部门都归CFO管理。除了负责公司与投资人的公共关系,CFO还要保证公司在发展过程中拥有足够的现金,以保障正常的办公支出和生产经营活动。他们可以通过银行贷款,也可以在股市筹钱。

(3)首席运营官

首席运营官(Chief Operating Officer,COO)负责监督管理公司的每日运营活动,监测公司的每日运作情况,制定统一的经营管理方针政策,行使针对公司经营工作的指导、指挥、监督、管理等权力,并承担执行各项规章、工作指令的义务。

(4)首席营销官

首席营销官(Chief Marketing Officer,CMO)是管理企业营销工作的最高决策者,其主要的职责包括为公司寻找市场机会、完成营销战略的制定、参与生产管理、塑造企业形象、进行渠道管理和促销管理等,还负责市场营销计划的执行,对企业市场行为进行监督,对市场需求做出快速反应。

(5)首席技术官

首席技术官(Chief Technology Officer,CTO)的职责是制定企业技术愿景和发展战略,参与并监督技术的立项、研发、实施,参与知识产权策略的制定、产权保护。其职责是挖掘企业的信息资源、制定企业信息化战略、为企业信息化合理布局、评估信息化对企业的价值等。信息资源规划是首席技术官的首要职责,信息化的第一步应该是信息资源规划而不是产品选型。

(6)首席人才官

首席人才官(Chief Human-Resources Officer,CHO)是现代公司中最重要、最有价值的顶尖管理者之一,其岗位职责要求必须从战略高度努力构建高效实用的人力资源管理系统,成功进行人才选拔,建立科学的考核与激励机制,最大限度地激发人才潜能,创建优秀团队和卓越的企业文化,推动组织变革与创新,最终实现组织的持续发展。

图4-3-4展示的是阿里巴巴的部分首席官。

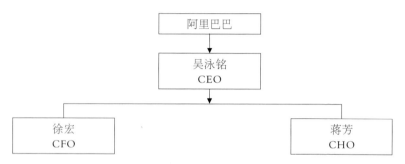

图4-3-4　阿里巴巴部分首席官(截止到2024年2月10日)

第 5 章

参与股权激励，员工要承担

哪些义务

狐狸经常偷吃农户家的鸡,屡屡得手。尽管农户想了不少对付狐狸的办法,但总是防不胜防。有一次,狐狸在鸡舍门上撬开了一条缝。它使劲地钻了进去,猛地逮住一只又肥又大的公鸡,狼吞虎咽地吃了起来。狐狸非常聪明,它清楚地意识到,如果自己吃得太饱,肚子就会撑大,就难以从缝里钻出去,后果是十分严重的。

想到这些,狐狸决定只吃半只鸡,这样风险是最低的。不一会儿,狐狸就将半只鸡吃进了肚子。它停住了嘴。可是,看着剩下的半只肥鸡,狐狸实在不甘心。于是,它对自己说,还是再吃几口吧,反正多吃几口也无关紧要。

几口下肚后,狐狸准备原路返回。此时,门外有了响声,狐狸心想肯定是农户出来查看，等一会儿再出去。时间静静地流淌，外面没有了响声，狐狸觉得此时安全了，它准备逃走。可是它看到剩下小半只鸡，心想还差一点就吃完了，丢下太可惜了。于是三下五除二，把剩下的鸡肉也吃光了。

狐狸打算离开，当它来到门边，发现自己已经出不去了。它费了很大的力气，还是无济于事。门外再次有了响声，是农户来鸡舍了。狐狸绝望地闭上了眼睛。

风险通常源于未知，更源于对自己所做的事情似懂非懂、心存侥幸。参与股权激励就是一个共同创业的过程，"共同创业""共享财富"，同样少不了"同舟共济""风险共担"。那么作为激励对象需要承担哪些义务呢？本章将一一解答。

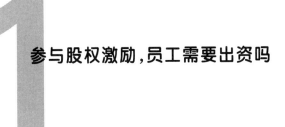

1 参与股权激励,员工需要出资吗

股权激励能带给激励对象巨大的财富,那么股权激励是"免费的午餐"吗? 我们在参与股权激励的过程中需要出资吗?

○ 参与股权激励,员工是否吃到了"免费的午餐"

在绝大多数情况下,股权激励是需要激励对象出资的。换言之,股权激励不是一顿"免费的午餐"。

举一个最简单的例子。比如你是一个高新技术人才,预估能为公司带来200万元的利润收益。老板决定对你进行股权激励,授予你价值300万元的股权。在老板眼里,你的人力资本值200万元,而这之间的差额100万元理所应当由你通过现金出资的方式补足。当然,差价只是股权激励需要激励对象出资的其中一个原因。实际上股权激励需要激励对象出资是出于多方面的考虑。激励对象支付一定的对价,可以增强激励对象与公司的黏性。由此,激励对象会更加努力,公司也会更加看重激励对象,使其获得更大的晋升空间。

通过对有偿授予股权和无偿授予股权的两种公司进行后续观察,发现支付对价的员工和公司的黏性更大,工作更积极。无论公司采取哪种模式的股权激励,授予的是实股还是虚拟股,都是有价值的。如果员工不支付相应的对价,股权就很容易被大家当作公司随意的赠品,那激励对象就不会珍惜,公司也不能达到激励的目的。

正是因为公司确实考虑了人才的价值,所以在现实操作中,对于定价会有一个折算,即将人力价值和股权价值都考虑在内。所以支付这个对价是公平的。

○出资获得的股权与免费的股权有什么差别

虽然大多数的股权激励都要求员工出资购买激励股权,但是也有一些公司以免费的方式将激励股权赠送给激励对象。如果不考虑激励方式的差异,仅仅从免费赠予与出资购买的条件差异上来看,两者在实际的权利和义务上存在的差别有哪些?

第一,获得方式的法律性质不同。

如果激励股权采用赠送的方式,那么依据《中华人民共和国民法典》(以下简称"《民法典》"),激励股权的赠与,不具有救灾、扶贫等社会公益、道德义务性质,因此股权激励的赠与合同在没有经过公证的情况下,赠与人在赠与财产的权利转移之前可以随时撤销赠与。也就是说,只要激励股权没有变更交付给激励对象,赠与人就可以撤销股权的赠与,无论激励对象是否完成考核任务。

实际出资的股权激励,在法律上通常被认为是附条件的股权转让或者增资合同,这就意味着从法律关系上来看它并不属于赠与合同,因此激励对象只要完成考核任务就能依据合同约定获得激励股权。如果公司或老板反悔,激励对象还可以起诉,要求公司或老板继续履行合同。

第二,回购价格的设置差异。

在实践中,出资购买的股权和免费获得的股权因为激励对象所支付的对价不同,在回购价格上也可能存在差异。

赠与的股权由于在股权的授予过程中激励对象并未实际支付对价,因此当激励对象退出时,往往按照0元的价格设置回购价格。在有偿购买的情况下,由于激励对象实际支付了激励股权的对价,因此在激励对象对公司没有造成损害的情况下,回购价格一般来说会等于或高于激励对象实际支付的价格。

第三,股东权利的限制与排除。

由于激励股权的特殊性质,授予激励对象的股权相比创始股东股权等,在表决权、处置权等股东权利上有一定程度的限制与排除。由于赠与的股权并未实际支付对价,所以在实践中与实际出资获得股权的激励对象相比,免费获得股权的激励对象所享有的权利往往会有更大程度的限制与排除。上述限制与排除并非绝对,需要根据实际情况予以判断。

免费获得的激励股权与出资获得的激励股权对比如表5-1-1所示。

表5-1-1　免费获得的激励股权与出资获得的激励股权对比

对比项	免费获得的激励股权	出资获得的激励股权
法律性质	本质为赠与合同,未经公证的股权在转让前均可撤销赠与	本质为附条件的股权转让或者增资合同,合同成立后一般不可撤销
回购价格	通常情况下,由于授予时未约定支付对价,回购时往往按照0元的价格设置回购价格,但具体以实际情况为准	通常情况下,授予时激励对象支付对价,因此在激励对象对公司没有造成损害的情况下,回购价格会等于或高于激励对象实际支付的价格,但具体以实际情况为准
受限程度	通常情况下,相较于出资获得的激励股权,免费获得的激励股权所带来的权利往往会有很大程度的限制与排除,但具体以实际情况为准	与创始股东、财务投资者等股东所享有的权利相比,出资获得股权的激励对象所享有的权利往往会有一定程度的限制与排除,但具体以实际情况为准

○除了现金,还有哪些出资形式

用于购买激励股权或进行投资的最常见的出资形式就是货币现金。在实践中,时常发现有些激励对象一时难以拿出大量资金用于出资,此时部分公司会选择以这些激励对象的年终奖、工资、奖金中的部分作为出资进行抵扣。当然,公司采用这种方式的前提是经过员工的同意,如果未经员工同意就用工资、奖金进行抵扣,将会构成克扣工资等违法行为。除现金之外,还存在其他几种出资形式,如图5-1-1所示。

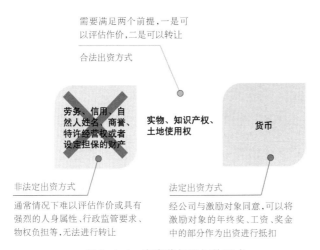

图5-1-1　出资获得股权的形式

（1）法定的其他出资形式

《公司法》第四十八条规定："股东可以用货币出资,也可以用实物、知识产权、土地使用权、股权、债权等可以用货币估价并可以依法转让的非货币财产作价出资;但是,法律、行政法规规定不得作为出资的财产除外。对作为出资的非货币财产应当评估作价,核实财产,不得高估或者低估作价。法律、行政法规对评估作价有规定的,从其规定。"这就意味着能够作为公司出资形式的非货币财产必须具备两个条件:一是可以评估作价,二是可以转让。如专利就是其中一个例子。专利出资入股程序如图5-1-2所示。

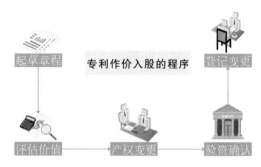

图5-1-2　专利出资入股程序

从某种意义上来说,只要具备这两个条件的实物与非实物资产都是《公司法》规定的合法出资,但《公司法》同时规定,法律、行政法规规定不得作为出资的财产是无法以其出资的。

其中,信用、自然人姓名和商誉等或难以评估作价,或具有强烈的人身属性而无法转让,因此无法以其出资。而特许经营权是指商业企业通过政府授权或契约的方式获得的,在特定条件下从事特殊商品或服务的经营,或利用授权人的知识产权及经营模式等无形财产从事经营的权利,往往涉及国计民生,对其进行行政监管的要求相对较高,而且特许经营权的取得与使用都有着较高的条件和要求。另外即便如商业特许经营,根据《商业特许经营管理条例》第十八条:"未经特许人同意,被特许人不得向他人转让特许经营权。被特许人不得向他人泄露或者允许他人使用其所掌握的特许人的商业秘密。"因此特许经营权无论从法理还是情理来看,都不能作为资产出资。设定了担保的财产如存在抵押的房屋、存在质押的汽车等,由于其物权上存在权利负担,价值及权利归属上具有不确定性,以其出资容易对公司及公司债权人的利益造成损害,因此设定担保的财产也是法定不可作为出资的资产。

劳务出资并非完全无法实现。如2016年12月30日,珠海横琴新区管委会办公室发布的《中国(广东)自由贸易试验区珠海横琴新区片区人力资本出资管理办法(试行)》规定,在横琴自贸片区登记的有限责任公司,其自然人股东可以以人力资本作价出资。同样在温州等地也有相应探索性的以劳务等人力资本实现出资的文件与政策。

（2）非法定其他出资形式如何实现

由于劳务、未形成专利、著作权的知识产权、技术、商业秘密等具有不可评估或难以作价转让的特点，从法律上看无法直接转为有效的出资。如果你的公司和你希望以这些非货币形式出资，该怎么办呢？其实只需要经过一些技术处理，这些非货币形式也能作为有效的出资。

第一步，确定价值。

价值的确定将涉及你所能取得的股权数量，这是以非法定资产进行出资的第一步，而确定价值的方式有很多，例如专业评估或者直接同公司其他股东进行协商沟通。

第二步，转化出资形式。

在确定出资形式的价值后，需要做的就是转化出资的形式，将非法定的出资形式转化为法定的出资形式，其中最常见的就是以货币的形式出资。具体的操作方式是在协商价格后，由公司其他股东以现金的形式为你支付投资对价，而你同时约定以劳务、技术、商业秘密等投入作为偿还现金的对价。

第三步，约定条件锁定出资利益。

由于这些非法定的出资形式在价值及归属上具有一定的不确

定性,而支付对价的其他股东为你投入的现金出资的价值和归属是明确的,所以为了锁定你的出资利益,往往需要在协议中附加条件,如工作的时间与业绩要求、技术与商业秘密的产能转化要求等。如果你无法实现约定的条件,通常情况下协议会作出由其他股东0元回购股权的规定,以实现各方股东投入的平衡。

通过这三步技术性的出资,绝大多数的非法定出资都能以转化出资形式的方式实现作价转让,从而转变为合法的出资。

股权激励所得收益，如何纳税

西方有句法谚："死亡与税收是人生无法避免的两件大事。"无论是分红还是股权增值都将为激励对象带来一定的收益,而获得这些利益的同时也伴随着税收的产生与缴纳。

○ 分红需要怎样缴税

《中华人民共和国个人所得税法》第三条第三款规定:"利息、股息、红利所得,财产租赁所得,财产转让所得和偶然所得,适用比例税率,税率为百分之二十。"也就是说,如果当年度公司给你的分红金额为10万元,那么激励对象就有缴纳2万元个人所得税的法定义务。

如果公司对员工采用虚拟股权激励方案,在向员工分配相应利润时,将相关分红作为薪酬奖金的一部分,那么这部分款项将并入个人综合所得,适用3%—45%的超额累进税率。具体如表5-2-1所示。

表5-2-1　个人所得税税率一览表

级数	全年应纳税所得额	税率(%)
1	不超过 36000 元的	3
2	超过 36000 元至 144000 元的部分	10
3	超过 144000 元至 300000 元的部分	20
4	超过 300000 元至 420000 元的部分	25
5	超过 420000 元至 660000 元的部分	30
6	超过 660000 元至 960000 元的部分	35
7	超过 960000 元的部分	45

注1:本表所称全年应纳税所得额是指依照《中华人民共和国个人所得税法》第六条的规定,居民个人取得综合所得以每一纳税年度收入额减除费用六万元以及专项扣除、专项附加扣除和依法确定的其他扣除后的余额。
注2:非居民个人取得工资、薪金所得,劳务报酬所得,稿酬所得和特许权使用费所得,依照本表按月换算后计算应纳税额。

　　有一些公司会将激励对象放在持股平台内,以间接持有目标公司股权的形式进行激励。在这种情况下,目标公司所获得的利润将优先分给持股平台,再由持股平台分配给激励对象个人,那么这是否意味着分红款需要缴税两次呢?

如果持股平台是有限责任公司,依据《中华人民共和国企业所得税法》及《中华人民共和国企业所得税法实施条例》,相关长期股权投资收益属于免征企业所得税的范畴,也就是说就这部分分红并不需要重复缴纳企业所得税。如果持股平台系有限合伙企业,因其本身不缴纳企业所得税,所以也不存在两次缴税。

○股权转让需要交多少税

我们前面说过除了分红,股权激励的收益很大一部分来源于股权价值的上升,股权的增值收益则需要通过股权转让得以实现,那么股权转让的税收该如何计算呢?

根据《中华人民共和国个人所得税法》及相关法律法规,股权转让的税率与分红相同,为增值部分的20%,即"税收金额=(股权转让收入-股权原值)×20%"。

其中,股权转让收入是指转让方因股权转让而获得的现金、实物、有价证券和其他形式的经济利益。根据《股权转让所得个人所得税管理办法《试行》》,股权原值则按以下规则确定:第一,以现金出资形式取得的股权,按照实际支付的价款与取得股权直接相关的合理税费之和确认股权原值;第二,以非货币性资产出资形式取得的股权,按照税务机关认可或核定的投资入股时非货币性资产价格与取得股权直接相关的合理税费之和确认股权原值;第三,通过无偿让渡方式取得股权,具备《股权转让所得个人所得税管理办法(试行)》第十三条第二项所列情形的,按取得股权发生的合理税费与原持有人的股权原值之和确认股权原值;第四,被投资企业以资本公积、盈余公积、未分配利润转增股本,个人股东已依法缴纳个人所得税的,以转增额和相关税费之和确认其新转增股本的股权原值;第五,除以上情形外,由主管税务机关按照避免重复征收个人所得税的原则合理确认股权原值。

当然,针对股权激励,国家也有特别收税减免政策。根据《关于完善股权激励和技术入股有关所得税政策的通知》(财税〔2016〕101号),非上市公司授予本公司员工的股票期权、股权期权、限制性股票和股权奖励,符合规定条件的,经向主管税务机关备案,可实行递延纳税政策,即员工在取得股权激励时可暂不纳税,递延至转让该股权时纳税;股权转让时,按照股权转让收入减除股权取得成本以及合理税费后的差额,适用"财产转让所得"项目,按照20%的税率计算缴纳个人所得税。股权转让时,股票(权)期权取得成本按行权价确定,限制性股票取得成本按实际出资额确定,股权奖励取得成本为0。如表5-2-2所示。

表5-2-2　股权激励相关收入计税对照表

收入	计税规定
以股份形式取得的仅作为分红依据,不拥有所有权的企业量化资产	不征收个人所得税
以股份形式取得的拥有所有权的企业量化资产	(1)取得时,暂缓征收个人所得税; (2)在股份转让时,就其转让收入额减去个人取得股份时实际支付的费用和合理转让费用后的余额,按"财产转让所得"项目计征个人所得税
以股份形式取得的企业量化资产参与企业分配而获得的股息、红利	按"利息、股息、红利所得"项目计征个人所得税

○股权转让税收该如何合理筹划

(1)先分红再转让

[案例]

　　A公司注册资本为100万元,其中公司股东甲占股50%,自然人股东乙占股50%,甲乙均实缴到位。A公司股权架构如图5-2-1所示。

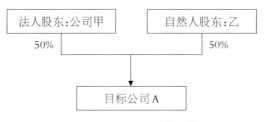

图5-2-1　A公司股权架构

现B公司欲收购甲50%的股权,甲乙均表示同意。A公司的资产负债表显示,A公司所有者权益为200万元,其中实收资本100万元,未分配利润100万元。请问如何设计股权转让方案有利于甲节税?

方案一:如果以所有者权益作为评估股权转让,则本次股权转让的公允价格为100万元(即200×50%),故甲应当缴纳的企业所得税为12.5万元[即(100-50)×25%]。再考虑甲实际获得的转让款为100万元,甲实际获得净收入为37.5万元(即100-50-12.5)。

方案二:如果采取先分红再转让的方案,即公司将未分配利润先行分配,A公司的所有者权益降至100万元,则本次股权转让的公允价格为50万元(即100×50%)。这与甲的出资额50万元相等,如无其他情况甲无须缴纳企业所得税。再考虑甲实际获得的转让款50万元,以及取得的分红股息50万元,甲实际获得的收入为50万元(即50-50+50),比方案一的收入多12.5万元。方案一与方案二的对比情况如表 5-2-3 所示。

表 5-2-3　方案一与方案二对比

	方案一:直接转让	方案二:先分红后转让
所有者权益	200 万元	200 万元
股东分红	/	−100 万元
公允价格	200 万元	100 万元
股权转让收益 (公允价格×甲持股比例)	200×50%=100 万元	100×50%=50 万元
股权转让税收 [(股权转让收益−股权原值)×25%]	(100−50)×25% =12.5 万元	(50−50)×25% =0 元

上述分配方案实际利用了《中华人民共和国企业所得税法》以及《中华人民共和国企业所得税法实施条例》的规定,即符合条件的居民企业之间的股息、红利等权益性投资收益为免税收入,具体指的是居民企业直接投资于其他居民企业取得的投资收益,不包括连续持有居民企业公开发行并上市流通的股票不足 12 个月取得的投资收益。换言之,A 公司股东甲在转让前先分红取得的股息 50 万元,属于免税收入。也就是说,通过先分红再转让的形式,可以达到节税的目的。

(2)先增资再转让

[案例]

A 公司注册资本 100 万元，其中公司股东甲占股 50%，自然人股东乙占股 50%，甲乙均实缴到位。现公司 B 欲收购甲 50% 的股权，甲乙均表示同意。A 公司资产负债表显示，A 公司所有者权益为 300 万元，其中实收资本 100 万元，未分配利润 100 万元，盈余公积金 100 万元。请问如何设计股权转让方案有利于甲节税？

方案一：如果以所有者权益作为评估股权转让，那么本次股权转让的公允价格为 150 万元（即 300×50%），故甲应当缴纳企业所得税 25 万元[即(150−50)×25%]。再考虑甲实际获得的转让款为 150 万元，那么甲实际获得的收入为 75 万元（即 150−50−25）。

方案二：如果采取先增资再转让的方案，即 A 公司将未分配利润、盈余公积金均转增为注册资本，其中盈余公积金提出时不得少于原注册资本的 25%，即 A 公司可以提出盈余公积金 75 万元（即 100−25）充入注册资本，并将未分配利润 100 万元充入注册资本，那么 A 公司的实收资本上升至 275 万元，甲占有 137.5 万元（即 275×50%），而盈余公积金降至 25 万元，所有者权益仍然为 300 万元（即 275+25）。本次股权转让的公允价格仍为 150 万元（即 300×50%），甲应当缴纳企业所得税 3.125 万元[即(150−137.5)×

25%]；甲实际获得的转让款为150万元，获得视同分配的股利50万元（即100×50%）、盈余公积金37.5万元（即75×50%）均为免税收入。由此，甲实际获得的收入为96.875万元（即50＋37.5＋150－137.5－3.125），比方案一多获得21.875万元。两个方案的对比情况如表5-2-4所示。

表5-2-4 方案一与方案二的对比情况

	方案一：直接转让	方案二：先增资后转让
所有者权益	300万元	300万元
增资	/	－100万元
公允价格	300万元	300万元
股权转让收益 （公允价格×甲持股比例）	300×50%=150万元	300×50%=150万元
股权转让税收 [（股权转让收益-股权原值）×25%]	（150-50）×25% =25万元	（50-50）×25% =0

上述转让方案中，除利用《中华人民共和国企业所得税法》以及《中华人民共和国企业所得税法实施条例》关于居民企业之间的股息、红利等权益性投资收益为免税收入的规定以外，因为盈余公积金无法分红，所以将其充入注册资本，以增加股权的价值，降低

股权转让的计税基础,从而降低税费。

(3)先减资再转让

[案例]

A公司注册资本100万元,其中公司股东甲占股50%,自然人股东乙占股50%,甲乙均实缴到位。现B公司欲收购甲50%的股权,甲乙均表示同意。A公司资产负债表显示,A公司所有者权益为300万元,其中实收资本100万元,未分配利润100万元,盈余公积金100万元。请问如何设计股权转让方案有利于甲节税?

方案一:如果以所有者权益作为评估股权转让,那么本次股权转让的公允价格为150万元(即300×50%),故甲应当缴纳企业所得税25万元[即(150-50)×25%]。再考虑甲实际获得的转让款为150万元,所以甲实际获得的收入为75万元(即150-50-25)。

方案二:如果采取先减资再转让的方案,即第一步,由甲从A公司定向减资50%;第二步,由B公司对A公司增资,以获得50%的股权。在第一步完成后,A公司注册资本降低至50万元,且所有者权益同步降低,为150万元,甲获得150万元收入,其中50万元为投资款的回笼,另100万元为投资回报,均无须缴纳企业所得税。而B公司对A公司增资获得股权,仅需缴纳印花税。

上述转让方案中,原股东甲在减资过程中取回的资金属于居民企业之间的股息、红利所得等权益性投资所得，是免税收入；而对于收购方 B 公司而言，其增资无须缴纳企业所得税，亦不会有过重的税负。需注意的是，此种转让方案虽模拟效果良好，但因增资、减资的程序、文本均比股权转让复杂，更需要审慎对待，适当使用。

3 成为合伙人,员工有多少责任

在实务中,我们曾为各行各业的公司提供股权激励服务,也曾与很多不同职业的激励对象进行访谈。在这个过程中,我们发现,很多激励对象的第一个问题不是询问股权激励能够带来多少收益,而是确认:股权激励是不是一件有风险的事;老板是不是想通过股权激励把自己跟公司绑在一起;如果公司亏损破产,会有什么样的责任;如果公司违法经营,股权激励会不会让自己担上法律责任。

○ 合伙人与股东有什么区别

职场中我们经常会听到"合伙人"一词,合伙人就是公司的股东吗?

　　商业意义上的合伙人与法律意义上的合伙人存在不同的含义。法律上的合伙人主要存在于合伙企业中,根据《中华人民共和国合伙企业法》(以下简称"《合伙企业法》")的规定,合伙企业分为普通合伙企业与有限合伙企业两种,其中普通合伙企业由普通合伙人组成,有限合伙企业由普通合伙人和有限合伙人组成。普通合伙人对合伙企业债务承担无限连带责任,有限合伙人以其认缴的出资额为限对合伙企业债务承担责任。《合伙企业法》第六十七条规定:"有限合伙企业由普通合伙人执行合伙事务。执行事务合伙人可以要求在合伙协议中确定执行事务的报酬及报酬提取方式。"该法第六十八条同时规定:"有限合伙人不执行合伙事务,不得对外代表有限合伙企业。"

　　我们在日常生活中所听到的"合伙人"有诸多含义:公司的创始股东被叫作创始合伙人,公司的一些激励对象被叫作事业合伙人,公司的一些合作方被称为生态链合伙人,等等。因为这些称谓背后的法律关系不同,所以这些"五花八门"的合伙人有不同的含义。有的合伙人可能是公司的股东,有的合伙人可能仅仅是一个称谓,那他可能并不持有公司的股权,也并非公司的股东。

　　股东和合伙人的区别如表5-3-1所示。

表5-3-1　股东和合伙人的区别

	股东	合伙人
适用法律	《中华人民共和国公司法》	《中华人民共和国合伙企业法》
适用场景	公司制	合伙企业制
承担责任	股东承担有限责任	◎普通合伙人承担无限责任 ◎有限合伙人承担有限责任
持有权利	股权(或叫股份)	合伙份额(或叫财产份额)
出资形式	可以用货币出资,实物、知识产权、土地使用权等可以用货币估价,并可以以依法转让的非货币财产作价出资	◎普通合伙人可以用货币、实物、知识产权、土地使用权或者其他财产权利出资,也可以用劳务出资 ◎有限合伙人可以用货币、实物、知识产权、土地使用权或者其他财产权利出资,不可用劳务出资
议事规则	股东依据公司章程参与公司经营管理事务	◎普通合伙人(执行事务合伙人)依据合伙协议参与合伙企业经营管理事务 ◎有限合伙人不参与合伙企业经营管理事务,主要行使监督权
退出方式	◎股权转让 ◎定向减资	◎合伙份额转让 ◎退伙

○员工作为合伙人，其责任界限在哪里

在股权激励中，如果公司涉嫌违法，股权激励对象需要承担法律责任吗？员工承担法律责任的界限在哪里？

（1）作为合伙人，员工要承担刑事法律责任吗

简单来说，刑事责任主要依据公司行为进行判断，即如果公司有犯罪行为，就存在承担责任的风险，反之则不会。这并不意味着只要公司有犯罪行为你就一定会承担刑事责任。一般来说，在以下情况下，激励对象可能会与公司共同承担责任。

第一，公司构成《中华人民共和国刑法》规定的单位犯罪。什么是单位犯罪？我国法律规定，单位犯罪就是单位作为主体实施的犯罪活动。在这里，简单列举几种常见的单位犯罪活动，如非法制造、买卖、运输、储存危险物质罪，生产、销售伪劣产品罪，生产、销售假药罪，生产、销售劣药罪，生产、销售不符合卫生标准的食品罪；生产、销售有毒、有害食品罪，生产、销售不符合标准的医用器材罪，生产、销售不符合安全标准的产品罪，销售不符合卫生标准的化妆品罪，走私武器弹药罪，走私罪，非法吸收公众存款罪，骗购外汇罪，洗钱罪，向公司、企业人员行贿罪，信用卡诈骗罪，侵犯知识产权类犯罪，损害商业信誉、商品声誉罪，合同诈骗罪，非法经营

罪、强迫交易罪、伪造、倒卖伪造的有价票证罪、倒卖车票、船票罪、非法转让、倒卖土地使用权罪。特殊主体的有虚假广告罪、串通投标罪、提供虚假证明文件罪、出具证明文件重大失实罪等。

第二，公司实施了单位犯罪活动，同时，激励对象是组织、策划、参与单位犯罪活动的人。在这种情况下，激励对象就要承担刑事法律责任。如果激励对象只是收到公司高管的命令执行公司的事务，并不明确知道是违法的，在这种情况下是否需要承担法律责任呢？如果员工是执行领导的命令，在不知情的情况下实施单位犯罪活动，并且其行为对整个犯罪活动所起的作用相对较小，那么其所受的处罚相对较轻甚至可以免予刑事处罚。

（2）作为合伙人，员工要为公司经营承担相应的民事法律责任吗

民事法律责任的产生与承担主要通过相应的法律关系来判断。一般来说，在以下三种情况下，激励对象承担民事法律责任。

第一，公司授予激励对象的是公司真正的股权。如果公司授予激励对象的是虚拟股权，激励对象并不是公司真正的股东，那么公司欠的钱再多，和激励对象也没有关系。

第二，如果公司授予激励对象真正的股权，而激励对象没有拿出足额的钱来购买，那么激励对象就只承担出资限额内的民事法律责任。

比如,激励对象的公司对外欠债50万元,公司现无力偿还。同时,公司对激励对象进行了股权激励,需要激励对象支付一部分股权转让款。在这种情况下,公司对外的50万元债务,是否需要激励对象来承担? 如果激励对象已经全额出资,如出资5万元,最坏的结果就是激励对象承担出资的5万元,除此之外的欠债,均与激励对象无关。

如果通过股权激励,激励对象已经成为公司的实际股东,那么民事法律责任仅仅由公司承担,激励对象个人只以出资额为限承担有限责任。这种责任承担方式并不是绝对的,激励对象本身的违法或违约行为也可能会导致其承担连带的赔偿责任。

(3)作为合伙人,员工要为公司经营承担相应的行政法律责任吗

一般来说,如果公司受到了行政处罚,而激励对象又是公司的法定代表人或者经理、财务总监等高级管理人员,那么激励对象是有可能承担行政法律责任的。如果激励对象不是公司的法定代表人或者高级管理人员,那么激励对象是不需要承担行政法律责任的。

法定代表人的行政责任如图5-3-1所示。

超出登记机关核准登记的经营范围,从事非法经营的

 向登记机关、税务机关隐瞒真实情况,弄虚作假

 抽逃资金、隐匿财产,逃避债务的

 解散、被撤销、被宣告破产后,擅自处置财产的

 变更、终止时不及时申请办理登记和进行公告,使利害关系人遭受重大损失的

 实施法律禁止的其他活动,损害国家利益或者社会公共利益的

图 5-3-1 法定代表人的行政责任

○公司高管对公司责任的边界在何处

一般来说,激励对象通常是公司高管,而担任公司高管是否需要为公司承担相应的责任呢?

公司高管是负责公司经营管理、执行公司决策且掌握公司核心信息的特定人群。《公司法》第二百六十五条规定:"高级管理人员,是指公司的经理、副经理、财务负责人,上市公司董事会秘书和公司章程规定的其他人员。"除了上述法律规定的几类人员,公司还可以根据实际需要在公司章程中设置高管职位。

基于公司高管身份的特殊性,《公司法》对高管人员的任职资格进行了限制,存在下列情形之一的人员,不得担任公司高管:

第一,无民事行为能力或者限制民事行为能力;

第二，因贪污、贿赂、侵占财产、挪用财产或者破坏社会主义市场经济秩序，被判处刑罚，或者因犯罪被剥夺政治权利，执行期满未逾五年，或者被宣告缓刑的，自缓刑考验期满之日起未逾二年；

第三，担任破产清算的公司、企业的董事或者厂长、经理，对该公司、企业的破产负有个人责任的，自该公司、企业破产清算完结之日起未逾三年；

第四，担任因违法被吊销营业执照、责令关闭的公司、企业的法定代表人，并负有个人责任的，自该公司、企业被吊销营业执照、责令关闭之日起未逾三年；

第五，个人因所负数额较大债务到期未清偿被人民法院列为失信被执行人。

若公司违反上述规定聘任高级管理人员，则该聘任无效。公司高管在任职期间出现上述任一情形的，公司应对其职务予以解除。

《公司法》规定，董事、监事、高级管理人员对公司负有忠实义务与勤勉义务，应当采取措施避免自身利益与公司利益发生冲突，不得利用职权谋取不正当利益，执行职务时应当为公司的最大利益尽到管理者通常应有的合理注意。此外，《公司法》还对董事、监事、高级管理人员不得做出的行为进行了列举性的规定，主要包括

以下几个方面:

第一,侵占公司财产、挪用公司资金;

第二,将公司资金以其个人名义或者以其他个人名义开立账户存储;

第三,利用职权贿赂或者收受其他非法收入;

第四,接受他人与公司交易的佣金归为己有;

第五,擅自披露公司秘密;

第六,违反对公司忠实义务的其他行为。

公司高管违反法定义务,应当承担相应的法律责任。根据《公司法》的相关规定,公司高管挪用公司资金等违反忠实义务行为所获得的收入,应当归公司所有。高管在执行公司职务时违反法律、行政法规或者公司章程的规定,给公司造成损失的,应当承担赔偿责任;损害股东利益的,股东可以向人民法院提起损害赔偿之诉。此外,《公司法》明确了董事及董事会具有维护公司注册资本充实的义务,如董事会发现股东未按期足额缴纳公司章程规定的出资,应当由公司向该股东发出书面催缴书,催缴出资。未及时履行前款规定的义务,给公司造成损失的、负有责任的董事应当承担赔偿责任。此外,股东未按照公司章程规定的出资日期缴纳出资,公司给予不少于六十日的宽限期后股东仍未履行出资义务,董事会可决议向该股东发出失权通知,自通知发出之日起,该股东丧失其未缴纳出资的股权。但如董事未尽职责,给公司造成损失,负有责任的董事应当承担赔偿责任。如果股东抽逃出资,给公司造成损失,负有责任的董事、监事、高级管理人员应当与该股东承担连带赔偿责任。

公司高管违反法定义务情节严重,构成犯罪的,还应当承担相应的刑事责任。常见的罪名包括:职务侵占罪、非国家工作人员受贿罪、侵犯商业秘密罪、背信损害上市公司利益罪等。对于国企的高管,还可能涉及贪污罪、受贿罪、挪用公款罪、为亲友非法牟利罪、非法经营同类营业罪、签订履行合同失职被骗罪等。

鉴于公司高管在公司中所发挥的巨大作用,除了上文所提到的法律责任,其往往还承担着同公司所签订的劳动合同、竞业限制书、保密协议等约定的其他责任。

4 企业经营不善破产，对员工有哪些影响

在实务中,有些公司对员工进行股权激励后,由于自身经营不善,资不抵债,被法院宣告破产。这时就会出现问题:公司在股权激励有效期内破产了,你的股权激励收益是否会被公司用于抵债?你的股权激励收益是否会得到结算与赔偿? 一旦公司破产,会对股权激励产生怎样的影响?

○ 什么是公司破产

《公司法》规定,公司被依法宣告破产的,依照有关企业破产的法律实施破产清算。而公司破产就是指公司不能清偿到期债务,并且资产不足以清偿全部债务或者明显缺乏清偿能力的,或者有明显丧失清偿能力可能的,通过破产的方式对公司进行破产清算,

最终在清算完成后,向公司的原登记机关办理注销登记的程序。

○ 关于公司破产的基本问题

关于公司破产,我们需要了解三个方面的问题。

其一,公司进入破产程序的条件。

根据《中华人民共和国企业破产法》(以下简称"《企业破产法》")的规定,企业法人破产需要具备两大基础条件:一是企业具备破产的前提,即资不抵债;二是由债权人或债务人申请,没有债权人或债务人的申请,人民法院无权主动宣告公司破产。

其二,人民法院指定破产管理人进入破产程序。

根据《企业破产法》第十三条、第二十二条、第二十四条、第二十五条等的规定,人民法院裁定受理破产申请的,应当同时指定管理人,进入破产程序。管理人可以由有关部门、机构的人员组成的清算组或者依法设立的律师事务所、会计师事务所、破产清算事务所等社会中介机构担任,行使以下职权:

第一,接管公司的财产、印章和账簿、文书等资料;

第二,调查公司财产状况,制作财产状况报告;

第三,决定公司的内部管理事务;

第四,决定公司的日常开支和其他必要开支;

第五,在第一次债权人会议召开之前,决定继续或者停止公司的营业;

第六,管理和处分公司的财产;

第七,代表公司参加诉讼、仲裁或者其他法律程序;

第八,提议召开债权人会议;

第九,人民法院认为管理人应当履行的其他职责。

破产程序是一个复杂的处理流程,包括和解、重整和破产清算三种不同的处理方式,不同的处理方式有不同的后果,需要根据公司的实际情况选择,但是其目的都是帮助公司尽可能多地清偿对外债务,同时保护债权人和债务人的合法权益。

其三,公司破产后清偿债务的顺序。

公司被宣告破产后,必须要把所有的资产都用来偿还债务,这个偿还是有顺序的。因此,激励对象能否取回股权激励收益,取决于该部分收益在公司破产清偿顺序中所处的先后位置。

根据《企业破产法》的相关规定,公司剩余财产应优先清偿破产费用和共益债务。

破产费用主要包括:①破产案件的诉讼费用;②管理、变价和分配债务人财产的费用;③管理人执行职务的费用、报酬和聘用工作人员的费用。共益债务包括:①因管理人或者债务人请求对方当事人履行双方均未履行完毕的合同所产生的债务;②债务人财产受无因管理所产生的债务;③因债务人不当得利所产生的债务;④为债务人继续营业而应支付的劳动报酬和社会保险费用及由此产生的其他债务;⑤管理人或者相关人员执行职务致人损害所产生的债务;⑥债务人财产致人损害所产生的债务。

当公司剩余资产清偿完破产费用和共益债务后,则需清偿普通类债务。普通债务的清偿顺序如下:①破产人所欠职工的工资和医疗、伤残补助、抚恤费用,所欠的应当划入职工个人账户的基本养老保险、基本医疗保险费用,以及法律、行政法规规定应当支付给职工的补偿金;②破产人欠缴的除前项规定以外的社会保险费用和破产人所欠税款;③普通破产债权。若剩余财产不足以清偿同一顺序的清偿要求的,按照比例分配。破产企业的董事、监事和高级管理人员的工资按照该企业职工的平均工资计算。

公司破产流程如图5-4-1所示。

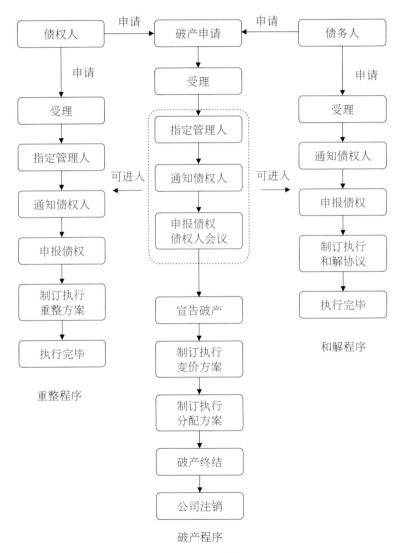

图 5-4-1 公司破产流程

○ 激励对象的收益处于破产清偿顺序中的什么位置

如果公司授予激励对象的是虚拟股权,那么公司给予激励对象的分红属于工资,应归为普通类债务中的第一项;而如果公司授予激励对象的是公司实股,那么激励对象的收益为股东股息、红利,只能在公司剩余资产清偿完破产费用、共益债务、普通类债务后获得赔付。

作为激励对象,

你还有哪些特定义务

作为激励对象,除了应当履行的股东义务、承担的责任外,还应当履行基于股权激励的特定义务。

○ 高标准的诚信义务

诚实守信是社会主义核心价值观的内容和公民道德准则,劳动关系和谐以诚信为基础。无论是股权激励还是劳动关系,两者的人身属性非常突出,这也更加强调诚信义务。你如果参与了公司股权激励,就必须确保所提供给公司的个人履历资料中不存在虚假陈述、隐瞒、误导等,确保同公司诚信合作。

2016年,杭州市中级人民法院判决一起阿里巴巴因激励对象向自己经手业务的客户无息借款并为对方不当提供额外利益的案件。因为有悖于员工谨慎、清廉、负责地开展岗位工作的基本要求,法院支持阿里巴巴拟回购激励对象所持股权的诉求。法院认为:在本案股票期权授予合同中,基于特定事由的约定,延伸至对《阿里巴巴集团商业行为准则》的遵守,激励对象所承担的核心合同义务,都属于摒弃犯罪行为、对公司不忠诚行为、不当损害公司利益行为的范畴。在赋予激励对象一定财产性激励的同时,给予激励对象以上类别的行为限制,是股票期权激励制度的基本价值取向。且激励对象承担该项义务,建立在双方意思自治基础上,是激励对象在享受财产性收益机会的同时理应履行的合同义务。

○ 完成绩效考核的义务

作为激励对象,既然能以低于一般市价的价格获得公司股权,那也意味着要履行相应的义务。首先,员工需要完成考核。公司为了对员工的工作有一个量化的评价,往往会设置相应的考核,只有考核达标,才能获得股权。对激励对象的考核,一般可以分为两个方面:

第一,对公司总体目标的考核。公司在年初的时候,可能会制定一个整体的发展目标。比如,今年净利润要达到1 000万元,到年底时统计一下,看看目标是否达成。你可能会问,公司的整体目

参与股权激励,员工要承担哪些义务

标,为什么要作为自己的考核目标?因为老板不仅关注个人业绩,更关注公司的总体发展水平,毕竟实施股权激励是为了公司整体能发展得更快、更好。而员工作为激励对象,是公司里举足轻重的人,和公司进行利益捆绑后,也应当为公司的整体目标而努力。第二,对个人情况的考核。作为激励对象,你必须根据公司或者你所在岗位制定的标准,完成相应的考核。比如,按照公司绩效考核要求,在今年的绩效评级中必须达到 A 或者 B$^+$ 的水准。

员工需要和公司保持劳动关系或是合作关系,即员工必须同公司的日常经营形成紧密联系,这是公司将员工作为激励对象的前提基础。一旦和公司解除了劳动关系或者合作关系,公司可能就会将员工的股权予以回购,同时根据解除关系的情形,要求员工承担相应的责任。

除此之外,还有一些义务,如员工必须对自己向公司提交的个人材料的真实性负责。因为公司对某个员工进行股权激励,可能正是看中他拥有的某一资质,若这项资质证明是伪造的,那公司对该员工进行股权激励的根本目的就不能实现,这时这名员工可能就要根据合同约定承担相应的责任了。

○ 履职期限与竞业限制

作为公司员工,激励对象依旧需要履行劳动者义务,最重要的一项就是勤勉尽责。公司给予员工股权,对其进行激励,目的在于让员工能继续为公司效力,为公司的发展作出贡献。所以,激励对象最重要的就是要按照公司对工作岗位的要求或者相关的业务要求,勤勤恳恳地工作,为公司的发展作出贡献,恪守职业道德,不做损害公司利益的事情。此外,还应当遵守公司制定的劳动规章制度,若是有竞业限制约定,则需履行与此相关的义务等。

○ 其他

除了前面所述的义务外,激励对象要根据所签署的股权激励相关法律文件以及公司员工手册等规章制度、管理性文件履行相应的义务。如在约定的限制期内不得转让所持有的股权、保守公司商业秘密,等等。

第 6 章

参与股权激励，员工该如何同老板谈判

第6章

参与股权激励，员工该如何同老板谈判

从前，在一座遥远的太平洋小岛上，有一对老夫妇，他们住在一间破旧的茅草屋里。一天，飓风袭击了整个村庄，茅草屋被刮倒。这对老夫妇年事已高，也没有什么积蓄，没法重修茅草屋，只好搬去和女儿女婿住在一起。女儿和她的丈夫、四个孩子住在一起，家里本来就很拥挤，这对老夫妇一来，整个家顿时拥挤不堪。很快，家庭关系变得紧张起来。

无奈之下，女儿只好去求助村子里的智者。她向智者讲述了自己目前的问题，然后问道："我们该怎么办呢？"智者慢慢抽了一口烟，然后答道："你把家里的鸡领到屋子里养吧。"

这个建议听起来非常可笑，可女儿还是听从了。毫无疑问，家里变得更加糟糕了。每天屋子里遍地鸡毛，一家人都觉得难以忍受。女儿只好再次到智者那里求教。智者答道:"你把家里的猪领到屋子里养吧。"

女儿只好又把家里养的猪领进了屋子。这下,情况变得更加糟糕了,一间又小又吵的房子里居然挤满了人、鸡、猪。这下连女儿也无法忍受了,于是她最后一次来到智者面前。"求求您了,"她哭诉道,"我们不能再这样过下去了。告诉我,我该怎么办?请您一定要救救我们。"

智者答道:"把那些鸡啊猪啊都赶出去吧!"女儿很快照办。从此以后,一家人快乐地生活在一起,再也没有发生过任何争执。原来,大家不知不觉降低了对生活的期望值,于是很快达到了自己理想中的生活状态。

在参与股权激励时,员工少不了要与老板进行深入沟通。而沟通就是商业谈判——你必须得清楚,哪些是你需要的,哪些是你可以放弃的。当你跟老板明确期望值、相互让步时,就是一次成功的商业谈判。

我们说过股权激励是公司与员工共同参与的,因此员工学会同老板谈判,对于通过股权激励最大化地实现自身利益有着重要的作用。

1

与老板谈判的三个核心点及三重方案

在股权激励中,激励对象同老板的沟通主要围绕股权激励的模式、股权的价格和数量及持股路径等核心要点展开。本节将针对如何在沟通中有效抓住沟通要点实现自身利益进行说明。

○实股与虚股,你该如何选择

股权激励没有固定的规则,模式很多,分类也多种多样,不同的企业对股权激励的理解与应用完全不同,因此在实践中我们会听到"期股""实股""技术股""现金股""干股"等各种各样不同的名词。其实这些名词并不具备固定的含义,具体需要根据股权激励的模式和规则,以及具体法律文件所约定的权利义务来判断。每一种模式都有其优点和缺点,因此在股权激励模式的选择上一定要结合自身的实际特点。接下来介绍一下常用的股权激励模式，以便大家同公司沟通时找寻到最适合自己的方案。

(1)实股激励与虚拟股权激励有什么差别

股权激励的模式按给予权益的差异可以分为两大类别，即实股(权益结算类)和虚拟股(现金结算类)。

实股(权益结算类)是指将公司真正的股权授予激励对象，这种激励模式的优点是激励对象可以获得真实股权，收益较高，且真正意义上给予激励对象合伙人名分；缺点是激励对象可能需要支付较高的购股款，所承担的风险也高于虚拟股。

虚拟股(现金结算类)是指不以股权作为支付对价，而以股权相关的分红权、股权增值权等作为激励的来源，以现金进行结算。其优点是对于激励对象而言实际支出较少，风险较低；缺点是由于激励对象不能获得真正的股份，对员工的激励作用相对较小。

在股权激励中，该争取实股激励还是虚拟股激励需要根据公司及个人自身的实际情况加以判断。

通常情况下，实股与虚拟股的对比如表6-1-1所示，具体以实际方案的约定为准。

表6-1-1　实股与虚拟股对比

	实股(权益结算类)	虚拟股(现金结算类)
出资	有出资义务	一般情况下没有出资义务
表决权	有	无
知情权	有	无
分红权	有	有
增资权	有	可以有
转让权	有	限制
对控制权的影响	有	无
离职处理	原则上不影响	原则上收回

(2)不同模式的股权激励有什么差别

股权激励有不同的模式,常见的有股权期权、限制性股权、在职分红、股权增值权等。其中股权期权、限制性股权是实践中实股激励中的常见模式,而在职分红与股权增值权是虚拟股权激励中常见的模式。这些模式的具体差别,下文将为大家一一解读。

第一,股权期权。

"期权"这个词最初应用于期货交易。而当人们将期权应用在股权领域时,就产生了股权期权这个概念。举个例子:一家公司的股价为20元/股,现在你跟这家公司签订协议,约定1年后公司股价即使上涨,涨到30元、50元甚至100元,你也有权要求公司以1年前约定的20元/股的股价将股权出售于你,这就是股权期权。

第二,限制性股权。

公司按照预先确定的条件事先授予激励对象一定数量的公司股权,激励对象只有在预先确定的条件成就后,才能解锁相应的股权,用以转让获利;而未能达成预先设定的考核目标,相关股权将无法解锁,甚至还会被公司收回。图6-1-1展示的是青岛海尔生物医疗股份有限公司2021年限制性股权激励计划(部分)。

青岛海尔生物医疗股份有限公司2021年限制性股票激励计划(草案)

如相关法律、行政法规、部门规章对不得归属的期间另有规定的,以相关规定为准。

限制性股票的归属安排如下表所示:

归属安排	归属期间	归属比例
第一个归属期	自授予日起12个月后的首个交易日起至授予日起24个月内的最后一个交易日当日止	50%
第二个归属期	自授予日起24个月后的首个交易日起至授予日起36个月内的最后一个交易日当日止	30%
第三个归属期	自授予日起36个月后的首个交易日起至授予日起48个月内的最后一个交易日当日止	20%

在上述约定期间因归属条件未成就的限制性股票,不得归属或递延至下一年归属,由公司按本激励计划的规定作废失效。

在满足限制性股票归属条件后,公司将办理满足归属条件的限制性股票归属事宜。激励对象根据本激励计划获授的限制性股票在归属前不得转让、用于担保或偿还债务。

激励对象已获授但尚未归属的限制性股票由于资本公积金转增股本、送股等情形增加的股份同时受归属条件约束,且归属之前不得转让、用于担保或偿还债务,若届时限制性股票不得归属的,则因前述原因获得的股份同样不得归属。

图6-1-1 青岛海尔生物医疗股份有限公司2021年限制性股票激励计划(部分)

第三,在职分红。

在职分红是虚拟股权激励中的一种常用模式,激励对象只有在任职的时候才能获得一定比例的分红权,如果离职将失去相应的分红权。同时由于激励对象只享有分红权,所以没有相应的决策权、转让权等。

第四,股权增值权。

股权增值权也是虚拟股权激励中的一种常用模式,指公司授予激励对象的一种权利,即在规定的一段时间之后,如果公司股价上升,激励对象就可通过行权获得相应的股价升值收益。

如前文所述,实践中每一家公司都会根据自身的实际情况及目的确定不同的激励模式,所以员工在同老板和公司谈判前要了解股权激励的具体模式及操作规则。股权激励模式虽然存在差异,但其背后的规则是明确的,因此只有了解其实际运作规则,才能判断哪种模式是能接受的,哪种方式是最适合自己的。

下面将介绍八种股权激励模式,具体如表6-1-2所示。

表6-1-2　八种股权激励模式

项目		业绩股权	股权期权	虚拟股权	限制性股权	期股计划	优先股	股权增值权	账面价值增值权
权益类型	全值型		√	√	√	√	√	√	√
	增值型								
收益支付方式	股权		√	√	√	√	√	√	√
	现金				√		√	√	√
操作方式		一次授予	协议价格,可分期行权	一次授予	无偿授予或有偿终止	协议价格,可分批行权	股息固定,分批授予	一次授予	一次授予
激励对象		经营者、业绩指标量化明显的业务负责人等	一般为公司高管、核心员工和技术骨干	一般为公司高管、核心员工和技术骨干	一般为公司高管、核心员工和技术骨干	一般为公司高管、核心员工和技术骨干	内外部皆可	一般为公司高管、核心员工和技术骨干	一般为公司高管、核心员工和技术骨干
获得条件		业绩目标	业绩、工作期限等目标业绩、工作期限等目标	业绩、工作期限等目标业绩、工作期限等目标	业绩、工作期限等目标业绩、工作期限等目标	业绩、工作期限等目标业绩、工作期限等目标	—	业绩目标	业绩目标

参与股权激励，员工该如何同老板谈判

项目	业绩股权	股权期权	虚拟股权	限制性股权	期股计划	优先股	股权增值权	账面价值增值权
股票来源	公司	流通股	—	公司或二级市场公司	公司	—	—	—
购股资金	奖励基金	激励对象自行支付	—	员工折价购买或者公司奖金包出资	激励对象自行支付	自付	—	—
禁售条件	时间和数量限制	禁售期	行权期	禁售期	转让受限	不设限售期，能交易	行权期	行权期
离职处理	未兑现部分的业绩股票将被取消	合同约定	合同约定	未解锁部分由公司按授权价和市场价中的价低者回购注销	合同约定	—	合同约定	合同约定

续表

项目	业绩股权	股权期权	虚拟股权	限制性股权	期股计划	优先股	股权增值权	账面价值增值权
适用企业	业绩稳定、处于成熟期的上市及非上市公司	资本市场有效性较强的上市公司；人才需求强的创业期或快速成长的非上市公司	现金流量充足的上市及非上市公司	适用于大部分上市及非上市公司	人才需求强的创业期或快速成长的非上市公司	资金需求量较大、现金流稳定、成长预期较好的上市公司	现金流量充足且发展稳定的上市及非上市公司	现金流量充足且发展稳定的上市及非上市公司

○股权的价格该如何确定

在前文中,我们与大家分享了常用的公司估值方法,而具体到每个人所在公司激励股权的价格,又该如何确定呢? 员工该如何同老板与公司谈判以确定合适的股权价格呢?

关于激励股权价格的确认,在实务中,有限责任公司一般会从三个方面来考虑。

第一,以注册资本金为标准,来确定相应的激励股权价格。那

194

注册资本金去哪里了解？教大家一个比较简单的办法,在网上搜索"国家企业信用信息公示系统",然后输入公司的信息进行查询。在这里不仅可以查询注册资本金,还可以查询公司股东等其他信息。

如果公司以注册资本金为标准来确定股权激励的价格,也就是以公司原始股的价格给激励对象的话,公司还是比较看好这些激励对象的。通过这种方式确定的价格是比较低的。

第二,以评估的净资产的价格为标准,来确定激励股权的价格。那评估的净资产是什么？通俗来说,就是公司现在还有多少钱。评估的净资产的价格,可能是由专业的评估机构对激励对象所在公司作出的,也有可能是由激励对象所在公司的财务部门作出的。

按照这个方式计算出的激励股权的价格是比较客观和公正的,这相当于按照公司的成本价将股权授予了激励对象。

第三,就是结合上述两种方式并以一定的折扣评估确定,这个折扣就要看激励对象个人。公司不是仅仅因为激励对象出资,就对激励对象进行股权激励,而是更看重激励对象个人。也许激励对象为公司贡献了技术,也许激励对象对公司做了管理,也许激励对象为公司取得了很多的客户……不论哪一种,都可能会让公司对激励对象的股权价格"打折"。

除了上述三种方式,还有一些激励股权价格的确定方式。

如果激励对象所在公司的发展前景非常不错,甚至快要上市了,那么公司可能会和情况差不多的上市公司做比较,比较他们的股价后,再来确定自己的激励股权价格。

有些公司认为自己的潜力非常大,甚至在某段时间内股权的价值会翻倍增长,那么公司就可能按照每一年能够挣到的钱乘以一个倍数,确定公司的估值,进而确定相应的股权价格。

还有些公司会对自己的公司股权进行估值来确定相应的股权价格,但是激励对象要考虑到这个价格有没有夸大的成分,要对公司的估值进行衡量。

○ 该持有多少股权,又该如何体现

除了模式与价格,你该持有多少数量的股权,以什么样的方式来持有,也是谈判中的焦点。

(1)员工该持有多少股权

虽然给予激励股权的数量在很大程度上是由公司及老板决定的,但是了解股权激励中常用的数量确定方法,对于我们在谈判过程中判断授予的数量是否公平,并就此提出相关建设性的意见至关重要。通常公司会通过以下三种方式来确定授予激励对象的股权数量。

第一,直接评判法。

顾名思义,直接评判法就是依据实际控制人的主观判断来明确给予某一激励对象的激励股权数量。这种方法适用于员工比较少且激励人数不多的企业。因为该方法在运用时缺乏相应的参照标准,所以操作起来受主观因素影响极大,容易造成个量分配不公,让员工产生负面情绪。

第二,期望收入法。

期望收入法是一种站在员工角度进行个量确定的办法,即考虑员工所期望的收入,进行个量的确定。这种方法因为直接根据员工所反馈的需求来确定个量,所以比较有激励效果,也容易使员工满意。如果你所在的公司采用这种方法,在同公司及老板的沟通过程中,你不能仅仅站在自己的角度考虑,还应当考虑公司的实际情况,以免因提出过高的需求而引起公司及老板的不快。

第三,分配系数法。

这是在实践中较为推荐的一种方式,是所述三种方式中最为公平的一种。计算方式为:首先,用激励对象的个人分配系数除以公司总分配系数后,得出一个比例;其次,用这个比例乘以激励总量,就可以得出公司对激励对象进行股权激励的具体数量。

公司在确定不同的激励对象的股权数量时,会考虑很多方面,如激励对象是不是不可替代,激励对象的业绩表现怎么样,激励对象的工作年限,激励对象是否对公司忠诚,激励对象的能力水平怎么样,等等。

个人分配系数就是结合每个人的特点,按照岗位制定不同的标准,可以分成五大类:岗位系数、人才价值系数、薪酬系数、业绩考核系数、司龄系数。当然,因为岗位的不同,还有其他系数评价。

激励股权数量分配办法如图6-1-2所示。

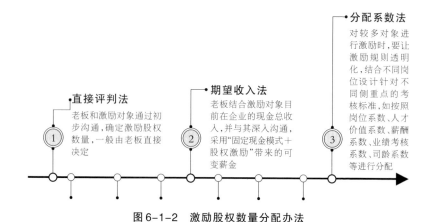

图6-1-2 激励股权数量分配办法

（2）如何持有股权

在股权激励的过程中,除了直接持有公司的股权,还可以通过股权代持、持股平台持股等方式间接持有公司股权。那么直接持股与间接持股有什么差别,员工在不同的持股方式中应该关注什么呢?接下来将为大家一一解答。

第一,直接持股。

直接持股是指激励对象直接持有目标公司的股权。这种方式的好处在于激励对象可以直接获得目标公司的股权,所以其所能获得的权益是最大的,如直接获得完整的财产性利益,获得分红及增值权益。

以这种方式持股并不意味着没有风险。如果公司对员工采用直接持股的方式进行激励,那么员工首先应当关注的是是否已经实缴到位。如果已经实缴到位,意味着员工不需要再向公司缴纳出资。如果员工所持有的股权系认缴出资,没有实缴到位,这就意味着员工对公司还存在着认缴出资的义务。从法律上来讲,员工还需要在所获股权的认缴出资范围内,在公司章程所约定的出资期限内将注册资本金缴足。其次,需要关注所在公司是否进行了股东名册和工商登记的变更。根据《公司法》及相关法律法规,股东资格确认的标志是记载于公司股东名册。因此,员工是否真正获得股权,关键就在于是否被记载于公司的股东名册当中,而进行相应的工商变更登记则代表员工所持有的股权已经被公示,具有公信力和对抗力。

第二,股权代持。

股权代持,即激励对象的股权由他人代为持有。具体操作方式是激励对象与代持人签订协议,约定激励对象的股权由代持人代为持有,同时,代持人必须把相应的经济收益给激励对象。

股权代持的好处在于:第一,操作相对比较简便;第二,方便一些不便于直接显名进行工商登记的激励对象获得相应的股东权益。但是,股权代持对激励对象的利益同样会产生一定的影响:一是如果代持人违反协议将激励对象的股权变现,那么激励对象就失去了本应持有的公司股权;二是如果代持人对外负有债务而法院欲对代持人的财产进行强制执行,那么代持人代为持有的本该属于激励对象的股权也会被法院拍卖;三是当激励对象不想让代持人代为持有股权而想显名时,变更的流程和手续相对而言较为复杂。

因此,如果员工所在的公司采用股权代持的形式进行股权激励,那么员工需要仔细研判股权激励协议,并关注以下条款:

其一,受托方仅作为名义股东,不享有任何实质性的股东权利,因代持股权所产生的所有收益均归委托方所有。

其二,受托方未经委托方同意,擅自处置(转让、设定质押)代持股权的法律责任的承担。如果受托方出现未经委托方同意处置股权的行为,那么委托方可以立即解除代持协议,并有权追究受托方由此引发的委托方的所有损失。

其三,受托方个人问题导致代持股权被执行的,可追究受托方的法律责任。比如约定代持股权价值按照代持股权的公司估值折算,由受托方赔偿给委托方。

其四,不予配合委托方行使相关股东权利所产生的法律责任。如果受托方不予配合,那么委托方可以立即解除代持协议,并有权追究由此引发的委托方的所有损失。

其五,中途解除代持协议的方式。对此,最好取得公司其他股东的书面同意。发生解除股权代持情形的,其他股东有义务配合委托方指定的任何他人进行代持股权的工商变更登记。

委托方和受托方关注的条款如表6-1-3所示。

表6-1-3 委托方和受托方关注的条款

协议条款	委托方关注的条款	受托方关注的条款
股权代持关系的界定	(1)实际享受股权收益;(2)受托方否按照委托方意愿参与公司股东会并依据委托方意愿行使表决权	确认代持股份为实际委托方所有并实际出资,并以自己的名义持有
代持股权	若受托方也是公司的股东,则应列明其所持有的股权,以及委托方与受托方在公司经营决策意见不一致时的解决方案	(1)在后续工商变更登记时不再支付相关股权转让款;(2)若受托方也是公司的股东,则应列明其所持有的股权比例,以及委托方与受托方在公司经营决策意见不一致时的解决方案

协议条款	委托方关注的条款	受托方关注的条款
股权收益权利	(1)代持股权的收益(包括但不限于股息和红利)、所得或收入(代持股权转让等)之所有权属于委托方;(2)受托方除获得因股权代持协议约定的报酬外,不得因代持股权、代为办理授权委托事项而要求任何其他的报酬	—
声明与承诺	(1)若受托方也是公司的股东,则其参加公司股东会,须按照委托方意愿在股东会行使表决权并签署相关股东会决议;(2)委托方有权按照自己的意愿对代持股权进行处置,包括转让、质押等,受托方须配合对股权进行处置;(3)若受托方擅自、越权行使股东权利,则委托方有权收回并要求赔偿;(4)委托方有权通过受托方了解公司的一切情况	(1)如果因为委托方出资不实、抽逃出资,或委托方实际持有的股权存在任何质押、担保等权利瑕疵的情形,所造成的法律责任和经济赔偿、经济损失由委托方自行承担;(2)受托方按照委托方的意愿行使股东权利所产生的经济盈亏与法律责任,均由委托方承受;(3)委托方承诺受托方处理经委托方授权处理的事务,所产生的一切税费由委托方承担

第三,持股平台。

持股平台是指单纯以持股为目的的合伙企业、公司、信托基金等持股主体。将激励对象打包放入平台当中,然后将持股平台作为公司的股东;从公司分取收益之后,再向激励对象进行二次分配,以实现由激励对象间接持有公司股权的目的。这种方式的好处在于,激励对象可以直接获得合伙财产份额的财产性权益从而间接获得公司的利益;弊端在于,由于不直接持有公司股权,在通过股权转让实现公司股权增值方面的难度相对较大,也无法通过所持合伙财产份额直接实现除财产性权益外的股东权利,如对公司的表决权、知情权等。

目前,合伙企业凭借其有限合伙人不参与合伙事务的管理,普通合伙人掌握合伙企业的特殊的控制权实现机制,以及无须缴纳企业所得税,在利润分配、节税等方面所具有的天然优势,成为当下最流行的持股平台组织形式。

其中,合伙协议就如同公司的章程,约定了每个合伙人的权利和义务,以及合伙企业的组织运作方式,是一份纲领性的文件。拿到合伙协议,应该先看一看这家合伙企业的名称。也许员工会问,合伙企业的名称很重要吗?是的,很重要,当然不是因为合伙企业的名称决定了合伙企业的类型,以及你要承担的责任,而是因为合伙企业根据法律规定分为两种,一种叫作普通合伙企业,一种叫作有限合伙企业。

普通合伙企业意味着所有的合伙人都是普通合伙人,就是我们经常听到的 GP(General Partner)。他有管理合伙企业的相关权利，同时对合伙企业的债务承担无限连带责任。注意，普通合伙人承担的是无限连带责任，这就意味着无论合伙企业亏损多少钱，几千万还是几个亿，全部要由普通合伙人以个人的财产来承担。

而在有限合伙企业中，合伙人分为两类，一类是普通合伙人，另一类是有限合伙人，也就是我们经常听到的 LP(Limited Partner)。有限合伙人与普通合伙人不同，他们不能参与合伙企业的管理，不能管理合伙事务，简单地说，就是没有表决权。但是，相较于普通合伙人的无限连带责任，和有限公司的股东一样，他们只以自己的出资为限对合伙企业的债务承担有限责任。也就是说，如果出资是1万元，那么只要这1万元全部实缴到位，不管合伙企业欠债几千万，甚至是几十个亿，都和有限合伙人没有关系。

不同合伙人承担责任的方式不同。员工拿到合伙协议的第一刻就应该注意，这家合伙企业的名称里有没有"有限合伙"四个字。如果没有，建议不签。普通合伙企业与有限合伙企业的对比如表6-1-4所示。

参与股权激励,员工该如何同老板谈判

表6-1-4　普通合伙企业与有限合伙企业的对比

普通合伙企业	有限合伙企业
·企业的股东只有普通合伙人 ·普通合伙人对公司债务承担无限连带责任 ·普通合伙人是企业的管理者,无民事行为能力的不能成为普通合伙人	·企业的股东由普通合伙人和有限合伙人构成 ·普通合伙人对企业债务承担无限连带责任,有限合伙人以其出资额为限对企业债务承担有限责任 ·企业的管理由普通合伙人负责,有限合伙人不参与企业经营活动

　　合伙企业的名称是需要关注的第一个问题,第二个需要关注的问题是,你属于普通合伙人还是有限合伙人。前面说过,有限合伙企业里面也分普通合伙人和有限合伙人。即便你所在的持股平台是一家有限合伙企业,员工也要关注自己到底是有限合伙人还是普通合伙人。如果是普通合伙人,同样建议不要签署,因为这个风险实在是太大了。

　　员工需要关注的第三个问题就是,合伙协议中所约定的合伙财产份额,以及权利与义务是否和股权激励方案中约定的一致。

　　如果你在有限公司形式的持股平台持股,那问题会简单得多。因为有限公司所有的股东对公司都承担有限责任,所以员工只需要核对公司给的章程及股东协议中所约定的股东权利与义务是否和股权激励方案中的一致就可以了。

接下来,我们再看看其他的文件,如入伙协议或者合伙财产份额转让协议。

公司同员工签这类协议取决于员工进入合伙企业的方式。如果员工的激励股权来源于某个现有股东的转让,那么公司也许会要求员工同相关人员签一份合伙财产份额转让协议;如果来源于增资,那么公司也许会要求员工签一份入伙协议。同样,如果员工在有限公司形式的持股平台持股,员工所签订的协议也取决于激励股权的具体来源。如果激励股权来源于某个现有股东的转让,那么公司也许会要求员工同相关人员签订股权转让协议;如果来源于增资,那么公司也许会要求员工签一份增资协议。

在签订这类协议时,需要仔细核对协议上记载的合伙财产份额或者股权数量及相关价格,注意其是否与股权激励方案中公司授予的一致,因为这将决定员工最终获得多少激励股权。

谈判中需要注意的

沟通内容

○ 如何与老板沟通

一般在与激励对象沟通时,老板主要关注两个方面:第一,激励对象的个人情况;第二,激励对象对公司的看法。对于这些问题我们该如何回答?

(1)激励对象的个人情况

在了解激励对象的个人情况时,老板一般会从员工所处的岗位及其主要的工作内容入手。先了解员工的岗位职责和工作内容,再判断员工的专业性、可替代性。

为了了解员工对公司的忠诚度,了解员工对这份工作的认同感和期待值,老板可能会问员工来公司工作的时间,公司吸引员工的地方,员工愿意在公司供职多年的原因,员工在目前的工作中是否能获得满足感和成就感,员工对未来的职业规划,以及员工是否认为目前的工作经历对自己的职业规划的实现有帮助,等等。为了了解员工目前的收入及其对物质的需求,老板可能会问:平常收入如何,薪资的组成,员工对目前的收入情况和为公司所做贡献的匹配度是否满意,这个收入是否达到员工个人的预期,能否满足员工的日常及未来的开支,或者让员工评价一下公司的奖励机制,评价一下公司目前的薪酬水平处于同行业的什么位置,等等。

在被问职业规划前,员工最好有一个大概的规划。如果确定这家公司就是你的不二选择,那么可以以这家公司为中心,对自己的职业规划谈得多一些。如果提前做好准备的话,那么可以将自己的个人规划与公司近几年以及较远的战略规划结合起来回答,还可以提一提个人对公司下一步计划的想法和建议。要是员工将自己近十年的发展都建立在就职的这家公司的基础上,老板基本是不会怀疑员工对公司的忠诚度的。如果对自己的职业还没有比较清晰的规划,又特别想参加本次股权激励,那么可以以三年为一个周期,简要地提一下个人的近期职业规划。当然,如果已经明确不久后离职,那么对于这次股权激励需要慎重考虑,因为一般情况下股权激励是将员工离职的时间与退出价格捆绑在一起的。

如果员工已经在公司供职多年,那么老板可能会问就职以来的体会与感受。这仍然是考察员工的忠诚度的。这时员工可以谈谈就职以来,公司对自己的培养与关怀,可以谈谈自己对公司经营策略、营销计划的肯定与赞赏,也可以直截了当地表明自己想要继续在公司发展下去的想法。

激励股权不是白送的,所以老板在了解员工的个人情况时,一定会了解员工的个人收入水平及支付能力。在老板问目前的收入能否达到预期,能否满足日常开销等问题时,不要认为如果说满足不了自己现在的需求,老板就会觉得员工非常看重利益,认为员工对自己的工资期望过高。恰恰相反,根据我们的经验,很多时候,老板可能就看重这样的员工,因为如果员工认为自己目前的收入还没有达到期待值,他就会有一种努力干、拼命干的劲头。股权激励是让员工从打工者向所有者转变的一种操作,老板会相信,对于希望从公司的经营利润中分取一杯羹的人来说,在和公司捆绑后,他才会带着自己的拼劲与公司齐头并进。

关于员工个人情况的沟通内容如图6-2-1所示。

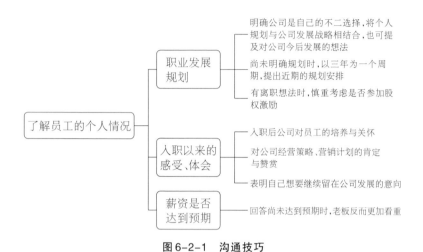

图 6-2-1　沟通技巧

（2）激励对象对公司的看法

在对员工个人有了大致了解后,老板可能会就员工对公司发展的现状及未来趋势的看法进行了解。比如,会问员工对于公司目前的发展现状是否满意,公司这几年是飞速发展还是趋于平缓,公司的企业文化是什么及员工的认同感,对于公司目前的管理架构有无不同意见,公司在发展过程中是否存在值得改进的地方,是否了解公司未来的战略规划,公司今后的发展方向是否合理、是否存在调整的需要,以及公司未来几年的发展潜力,等等。

这些问题非常重要,回答时需要十分谨慎。这些问题都是老板在考察员工是否有与公司同舟共济的态度和决心。首先,员工必须对公司的经营发展策略予以肯定;其次,若是员工对公司经营的不足之处或改进之处有个人想法,也可以提出来。说话是一门艺术,对于他人先给予肯定,再给出一定的改进意见,这对于老板来说更容易接受,老板对员工的印象也会好很多。

当然,对公司表示肯定,表达自己要与公司同舟共济的意愿无可厚非,但是千万记得要把握一个度。在曾经服务的一家公司身上,我们就体会到"过度"绝非好事。在给这家公司的拟激励对象做访谈时,其中一名特别豪爽,说在这家公司工作就是上辈子攒下的运气,在进这家公司之前自己的人生一片黑暗,进入这家公司之后才觉得自己活得有价值,而这家公司的老板就像是自己的再生父母。访谈时,感觉他激动得就要哭出来了。而他个人也表达了对公司极度的信任,对于这次股权激励,他愿意接受公司的任何安排,让他出多少钱购买公司的股权他都愿意。一般在访谈时,我们在不同的模块会分别设置多个问题,但听了这番表达后,就没有再问下去了,因为"忠诚度"到了这样的地步,问什么都表示一定服从公司安排,应该是要作为激励对象的确定人选吧。可结果是,在将这个访谈情况向这家公司的老板反馈时,老板却给出了不同的意见,觉得他说的并不是他真实的想法。因为在本次股权激励之前,老板在公司中曾经提出对该员工所在部门的经理选任计划,所以老板觉得他如此表达,只是想要取得老板的信任,从而得到部门经理职位。最后,虽然这位员工业绩不错,但是公司并没有把他列入第一批激励对象中。所以,向老板展示自己的忠心固然没错,要表达自己必定与公司同舟共济的决心也会为你加分,但千万记住把握好度。

另外,老板可能会问是否了解公司近几年的战略规划。所以,如果你有想被激励的意愿,但还不清楚公司的战略规划,建议提前研究一下。这样,在访谈时不仅可以将公司的战略规划系统性、有重点地讲出来,还可以结合公司的战略规划,对本次股权激励中的一些激励期限、激励条件等给出个人的建议。要知道,公司希望培养的是那些既忠诚又有能力的人。

最后,如果老板问是否认同公司的企业文化,除了表达自己的肯定外,还可以有针对性地讲一到两个细致的点。比如有些大公司的企业文化特别看重员工的诚信意识,若某员工被公司列为股权激励对象,一旦其在入职时所提供的个人资料中存在虚假情形,公司则可以强制该员工退出股权激励计划,而且会按照购买价格甚至低于购买时的价格使其退出。这时可以针对公司的实际情况来谈谈你对公司文化的理解与认可,这样会让人更加清晰你的想法。

参与股权激励,员工该如何同老板谈判

○如何与老板聘请的中介机构沟通

股权激励具有较高的专业性,因此公司往往会聘请专业的中介机构同员工沟通,了解员工对股权激励的看法。与老板不同,老板所聘请的中介机构与员工所沟通的话题会集中于股权激励的具体方案层面,因此在沟通过程中具有较强的针对性和逻辑性,而沟通的问题集中于以下几个方面。

(1)定目的

不同的企业实行股权激励的目的相同,有的是为了提升整体业绩,有的是为了留住人才,有的是为了吸引人才。中介机构就"目的"问题一般会问什么呢?一般是让员工谈谈对股权激励的了解情况,以及如果被发展为激励对象最关心的是什么,诸如此类。

一般来说,员工成为股权激励对象,除了身份上的一个微转变,更多的是获得的收益问题。曾国藩曾说:"利可众而不可独,谋可寡而不可众。"员工可以提出在股权激励当中所关切的利益问题,以及公司未来发展的问题,但是关于自身未来的管理权问题,除非所在公司非常开明,否则最好不要表达自己对未来参与公司管理这一方面的巨大关切。

（2）定对象

虽然本部分都在谈定对象这回事，但是在老板最终确定激励对象前，还是会委托中介机构询问激励对象一些问题。比如，中介机构会让员工从自身的角度来谈谈，除了自己，或是目前已确定的拟激励对象外，还有哪些人符合公司的股权激励要求。因为有时中高层或员工反而会比老板及中介机构更了解，老板及中介机构也希望听到一些参考性的意见。

对于这样的问题，不一定要给出具体一个人的名字，但你可以结合你们公司的实际情况，提一提你对确定激励对象的条件的想法。我们前面提到大量的成功企业在确定激励对象时，通常会从三个维度来考核，即价值观、忠诚度、能力值，那么在给出你的个人意见时也可以围绕这三点来展开。比如，就公司目前所处的发展阶段而言，工龄几年以上才能被确定为激励对象，在公司的业绩考核中达到什么标准才能被确定为激励对象。我们有位客户是经营连锁店铺的，在不同区域设立了多家门店，在给他公司的激励对象做访谈时，有区域经理就提出，只有所在区域的门店达到十家以上才有资格参加股权激励。再比如，针对公司全职和兼职人员，如果你是公司的全职员工，但在拟激励对象名单中看到不少兼职人员，那么你可能会有些想法。因为一般来说，兼职人员对公司的贡献与付出相较于全职人员在同等水平上是有差距的。站在自己的立场上,可以提出兼职人员的选定门槛应该比全职人员更高的建议,如对全职人员要求业绩考核达到"A",那对兼职人员是否可适用"A⁺"的标准。当然,具体需要结合自己所在公司的实际情况来考虑。

（3）定模式

如果中介机构询问员工,倾向参与哪种激励模式? 首先员工肯定要了解不同激励模式的区别。很多人会问,公司要进行股票期权和限制性股权的激励模式,该参加哪一种呢? 简单来说,取决于你愿不愿意现在就出资给公司。如果你对公司发展十分看好,而且目前有足够的经济实力,那建议考虑限制性股权;如果对公司的发展仍持观望态度,或者现在也拿不出钱来购买股权,那么可以考虑股票期权。至于虚拟股权,因为无法在工商登记中予以显名,所以你需要考虑这一模式是否满足自己的实际需求。如果老板已经明确本次激励采用虚拟股权的模式,而你想要在工商登记中显示股东身份,那么你可以向中介机构表达这个意向,当然一定要用委婉平和的语气,或许老板会重新审视你的个人能力及价值,从而给你一个新的定位。

（4）定数量

简单来说,确定数量就是公司一共拿出多少股权做激励,每名激励对象分别能获得多少股权。在访谈中,中介机构可能更倾向于从这个方面来了解员工的想法。比如,对被授予的激励数量有无初步想法?至少给多少股权,才比较认可?一方面,中介机构要了解员工对激励数量的真实想法;另一方面,要看看员工对本次激励项目的期待值究竟有多高。

对于这些问题,建议员工提前了解一下在本次股权激励中公司共拿出多少股权来进行激励,以及同时被激励的其他对象的情况。在这之后,可以根据自己的能力水平及表现来综合评估自己大概可以获得的股权数量。如果中介机构问,应当从哪些角度来衡量大家的股权数量呢?你可以根据自身情况,并结合公司的实际战略规划给出相应的意见。

(5)定价格

定价格就是员工需要拿出多少钱来购买股权。中介机构肯定会了解员工的购买能力。比如,员工目前能拿出多少钱?或是最多愿意拿出多少钱来?

这就需要你提前对此进行衡量再给出答案。一般来说,对公司股权的即时价格的认定,除非已有协议明确在先,否则一般会从净资产的角度来确定公司的股权价值。当然,实务中对价格的确定可能还会考虑公司上一年度的实际经营利润,或者说公司上一

次被投资人认定的公司估值。对于价格问题的回答,建议首先肯
定公司股权的价值,其次可以结合自身的实际情况告知自己的支
付能力。常见的四类价格参数如图6-2-2所示。

注册资本	以注册资本金或一定的折扣确定的价格 适用于注册资本金与净资产一致的企业
净资产	以评估的净资产或一定的折扣确定的价格 适用于注册资本金与净资产相差较大的企业
估值	以当前融资的估值价格或一定折扣确定的价格适用范围广泛,尤其适合需要融资的互联网企业
上市公司股价	以上市公司的股价作为参考

图6-2-2　常见的四类价格参数

(6)定来源

这里的来源包括股权来源和购买股权的资金来源。对激励对
象来说,难以左右授予股权的来源,所以这个问题中介机构不会过
问。但对于购买股权的资金来源,中介机构一定想要了解。比如,
你目前是否可以用现金出资？如果现金不够的话,那么你是否愿
意用未来的工资或者奖金分红等作为股权的出资款？

因此,对于资金的来源问题,第一,你需要评估自身的实际支
付能力;第二,如果目前没有支付能力,或不太愿意用个人的现金

作出资款,可以和公司提出愿意用未来一定时期的工资、绩效考核奖金等作为出资对价予以抵扣;如果被授予激励股权后还能获得利润分红,那么可以提议用未来的利润分红作为股权出资款进行抵扣。如果可行的话,可以减轻自己的现金压力。

(7)定时间

股权激励中有很多确定的时间节点,中介机构一般会了解员工对本次股权激励的整体周期的设置。有人会问,股权激励的整体周期对自己有影响吗? 当然有,从激励对象的角度来说,这个周期越长,意味着激励对象与公司捆绑的时间也越长,这对于收回股权收益有一定影响。

如果中介机构问:N年内不得退出公司是否可以? 或是问:N年内如果退出的话,只能按照原价甚至低价退出? 这时需要慎重考虑一下自己与公司捆绑的时间。若自己对职业规划还没有较明确的意见,也可以和公司提出自己的意见。根据我们的分析,股权激励的锁定期约定在三到四年的较多。

(8)定条件

定条件包括两方面:一是确定数量时的考核条件,二是行权或解锁时的考核条件,这个考核条件一般与个人的绩效考核、公司的经营业绩等有关。中介机构可能会问的问题是,对于目前的职位及工作而言,从哪几个维度确定考核标准比较客观、合理?

对于这类问题,提前了解公司的发展规划或是业绩目标就很重要了。比如,老板在年初的时候提及今年业绩必须突破1亿,那么你在回答时就可以从公司的考核角度来说,你可以将老板的预期放进去,前提是这个预期凭借公司员工的努力是可以实现的。这可以让老板关注到员工在激励考核时依旧关注公司的集体利益,有集体意识。而从个人的考核角度来说,最好从个人岗位的绩效等方面入手,确定自己努力后就能够实现的标准。千万不要给自己设一个几乎不可能达到的考核标准,因为届时达不到标准,是会影响股权的退出价格的。

(9)定机制

这里需关注的是退出机制,比如在哪些情况下可以退出,哪些情况下必须退出,退出时的股权价格应该怎样确定,是否同意向其他同事或是第三人转让股权,等等。这其实是一个比较系统的问题。股权激励一般要求员工的劳动关系和股东关系存在一定的捆绑,也就是说,如果员工和公司解除劳动关系,公司就会强制要求员工退还股权,那么中介机构可能会就相应的一些情形来了解员工的看法。

这是为自己争取利益的关键点之一。要知道,退出分不同情形,有激励对象存在过错被强制退出,有激励对象无过错被要求退出,有激励对象主动要求退出,有达到考核条件的退出,有未达到考核条件的退出,等等。因为这个问题牵涉的内容比较多,在访谈时员工可能并不了解公司目前的意向,所以在访谈时可以持保留意见,之后在收到激励方案初稿时再发表意见,届时需要关注在不同的退出情形下退出价格的设置是否合理。那在访谈时就不提任何意见吗?建议考虑一下自身是否有一些特殊的情况,比如有些年轻人,可能明后年就要结婚买房了,希望届时可以转让一部分股权来套现。这类需求是可以向中介机构提出的,公司在制订方案时或许会将你的需求考虑进去。

与中介机构的沟通要点如图6-2-3所示。

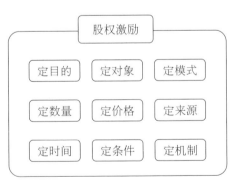

图6-2-3 与中介机构的沟通要点

第 7 章

股权激励的法律文书

杭州一位创业者郭某自称是中国"最惨"的创业者。他在网上自曝其创业经历,引起社会的热烈关注。据称,其于 2009 年成立杭州雷龙公司,股权占比为郭某占 45%,于某占 45%,员工占 10%。2014 年初,经于某介绍,郭某同意杭州某基金公司 A 投资杭州雷龙公司,投资完成后的股权占比为郭某占 36.5%,于某占 33%,公司 A 占 20%。同时,杭州基金公司还与郭某签订了对赌协议。当年,郭某与公司 A 就经营发生分歧,公司 A 遂拿走公司公章,联合于某要求郭某辞职并退出公司。由于前两者合计持股 53%,郭某无可奈何只能被迫出局。2019 年初,公司 A 以郭某未完成对赌为由,起诉郭某并查封其房产与银行账户。原来,在郭某与公司 A 签订的协议中,公司 A 有权在特定情况下要求郭某承担回购责任,而协议却未约定该回购责任的承担与郭某是否在职有关。郭某认为,其已经被公司 A 踢出局,如今还被起诉要求赔偿,可谓中国"最惨"创业者。

一份股权激励法律文书,不仅仅是我们获得收益的保障,同时也是确定风险的直接依据。因此,如何保障自身的股权激励收益,识别股权激励法律文书中的风险,是职场精英们在接受股权激励时不可忽视的问题。

股权激励中老板所说的承诺能不能兑现,要看有关股权激励的法律文书是怎样约定的。这类法律文书要包括和老板签订的合同、方案、计划、承诺,才能说明股权激励的最终规则。这些规则犹如一套精密的计算机程序,能够运算出股权激励的最终结果。

我们认为,在股权激励项目中你至少需要签这几份合同:《股权激励计划》、《股权激励协议》、《股权转让协议》(《增资协议》)。如果你是通过代持或者有限合伙持股平台的模式间接持股的,那么你还必须签订《代持协议》、《合伙协议》、《合伙财产份额转让协议》(《入伙协议》)。

想必各位都有网购的经历。在电商平台购买商品首先要注册,当输入你的昵称、手机号之后,一定点击过"我已看过并同意《××网络服务使用协议》"的选项。也许你并没有完全确认协议的具体内容,但事实上这个服务协议里约定了你和这个网购平台之间的权利和义务,以及产生争议时的责任认定规则。

注册之后,当你选购好商品,通过第三方支付软件完成支付后,你将收到电子确认账单。这时你又在不经意间签订了一份购买合同。

网购之后你加入了买家讨论群,群主向你发送了一则讨论规则作为加入讨论群的先决条件,你表示认同。

其实,在股权激励中你所要签订的合同和以上过程中的一系列约定相似。这些协议大致可以分为三类:

第一类,明确股权激励的基本规则与权利义务。这类协议类似于你网购时阅读并同意的那份《××网络服务使用协议》,约定了股权激励的全部规则、各方的权利义务和你要注意的相关事项。

第二类,明确获得股权的价格与方式。这类协议与公司选定的持股模式息息相关,如果激励股权来源于公司的直接增资或者持股平台的增资,作为激励对象的你就需要签订《增资协议》或者《入伙协议》;如果激励股权来源于公司大股东的转让或者持股平台中某个合伙人的让渡,就需要签订《股权转让协议》或者《合伙财产份额转让协议》。这类协议与网购商品时所签订的购买合同一样，约定了商品属性、支付的对价、付款时间，甚至是退款方式。

第三类，明确公司运作股权激励的组织与规则。这类协议通常会约定你所在的组织有哪些规则，你该如何遵守这些规则。如果你是直接持有公司的股权，就要对公司章程进行修订；如果你是通过代持方式持有激励股权，就需要签订《代持协议》；如果你是通过有限合伙持股平台持股，那么你需要签订《合伙协议》。这就像你在加入讨论群时的那份群规。

通过与网购经历类比，想必你大概清楚了在参加股权激励时至少要签订的协议类型。

在股权激励中，除前面所述的规则性、进入性、组织性三类协议之外，还有一类法律文件也是你必须了解的，那就是程序性文件，包括《授予通知书》《行权申请书》《回购申请书》等配套性文本。股权激励具体文书体系如图7-1-1所示。

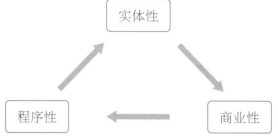

关乎股权设计实质内容的文书,如
《股权激励计划》《股权激励协议》等

实体性

程序性　　　　　　　　　　　商业性

关乎股权设计流程的文书,如《股东　　无关股权设计但与商业相关,如《商
会议决议》《行权申请书》等　　　　　业秘密确认单》《竞业协议》等

图7-1-1　股权激励具体文书体系

1

股权激励中哪些协议
一定不能签

　　股权激励中,哪些协议一定不能签? 概括地说,就是与股权激励无关的合同一定不能签。也许你会疑惑:什么是和股权激励无关的协议? 既然无关,又怎么会签? 在实务中我们曾经接触过这样一个案例:客户甲咨询,其公司在 2016 年 9 月进行了一次股权激励,激励对象中包括甲、公司副总、技术总监、渠道总监等在内的 13 名中高层管理者。在宣导股权激励计划时,老板和大家说,公司决定一次性按 5 万元的价格授予每人 1% 的激励股权,并声称公司很快要进行下一轮融资,估计 1000 万元左右,那时大家可以集体套现。甲等人一听很是动心,于是 13 人中有 9 人参加了这次股权激励。

　　就在大家准备签协议时,老板又拿出了一份《借款合同》,并和甲等人解释道,由于和天使轮投资人签订对赌协议的关系不能转让股权,先让大家以个人的名义与他签一份《借款合同》,股权先由他代持,在下一轮投资者进入时直接套现并办理工商变更,届时借款直接作为购股款,做抵销处理。若融资没有成功,分红照发。为弥补大家,这期间大家还可以按10%的年利率分得借款利息。不过这些内容只能口头说,不能落实在协议里,否则投资人会追究他的责任。

甲等人当时看老板言辞恳切,这样的安排也能理解,于是签了合同,并支付了款项。4个月后公司迎来了下一轮融资,融资比预想的还要顺利。公司以1亿估值成功融到2500万元投资款。与此同时,甲等人也收到了老板打来的10多万元,均以为老板兑现了诺言。可过了1个月,因为公司一直没有提股权变更的事,甲等人去找老板,这时老板突然变脸,说:"什么股权激励,你们当时的借款我已经还给你们了,你们难道没收到?"

当甲等人打开手机才发现原来老板当时打来的10多万元的备注竟然写着还款,于是甲等人前来咨询,想要拿回自己的股权。但是看过甲等人签的《借款合同》,我们深感无力,因为这在法律上就是一个彻彻底底的民间借贷,和股权激励一点关系也没有。这样的协议就是与股权激励无关的协议。

2 签好股权激励协议，价格、数量、退出机制都有保障

股权激励协议如同股权激励的"宪章"，约定了几乎全部的股权激励规则，是有关股权激励法律文书中最重要的文件。

那么签署一份股权激励协议，应该注意哪些方面呢？我们在实战中为客户提供的股权激励协议至少有20页，却不能清楚约定股权激励中的全部权利和义务，还需要其他配套协议。如果老板拿给员工的股权激励协议只有2页，签字前一定要谨慎，因为这2页可能只是一张空头支票。更危险的是，这可能是一张"卖身契"。因此，我们在签订协议时一定要关注协议中关于股权激励的内容，尤其是自己所关心的内容，是否已经全面罗列。如果没有罗列清楚、全面，应该要和公司予以明确，并在公司提供具体翔实的文本后再签署。

3 股权激励协议需要约定的内容

通常情况下,股权激励协议会约定九个方面的内容。分别是股权激励的目的、对象、模式、数量、来源、价格、条件、时间、机制。这九个方面可以覆盖股权激励项目中激励对象从进入、行使到退出的方方面面。在一份严谨完整的协议中所约定的内容,既有员工预想到的,又有员工可能没想到却极有可能发生的。简言之,股权激励中可能发生的一切情况,在这份协议中都应当能找到解决措施。

但是,即使了解股权激励协议中涉及的内容,也并不意味着员工自己能轻易地排除其中的风险。我们一起来看看,协议中有哪些容易忽视的风险高发点。

第一,股权激励的目的。股权激励的目的中通常会列明公司进行股权激励的原因和目标,这些内容往往被激励对象所忽视。事实上,股权激励的目的在协议中发挥着原则性的作用,当协议中有关约定出现空白或矛盾时,这些原则就能作为裁判依据发挥作用。因此有关股权激励目的的约定非常重要,在拿到协议时一定要留意这一部分,它是协议的根基与方向。

第二,股权激励的对象。相信这会是员工非常关注的问题之一,而且员工会关注除自己以外还有哪些人员在激励对象名单中,但这样恐怕放错了重点。其实,哪些人不能成为激励对象以及在什么样的情况下会被踢出局、失去激励资格,才是大家需要关注的。这是大家在日后工作中不能触碰的红线,所以一定要重视。若有违反,可能会丧失全部的激励股权,甚至还可能向公司承担违约责任。

第三,股权激励的模式。关于激励模式的运作,现实生活中不少人抱着这样的想法,即只了解上面写的是"期权"还是"限制性股权",没有关注具体的操作方法。如果真是这样,那就大错特错了。股权激励千千万,实践中的操作模式通常是集百家之长于一身。所以,千万不要被"期权""限制性股权"这些字眼所迷惑,也许这些字眼背后是创设出的一套新的组合拳,不知悉、不了解就会产生风险。

第四,股权激励的股权数量。除了需要仔细核对具体的数量是否和之前老板所允诺的数量一致,员工还要拿起计算器算算所有激励对象所持有的股权总量和协议上写的总量是否一致。如果实际分配的激励股权之和大于协议中的激励总量,那么员工所持有的股权可能面临同比缩水的风险。

4 在协议签订过程中
你需要注意什么

在实践中,我们曾接触到这样一个案例:激励对象拿出一份和公司签订的股权激励协议,协议约定得非常完善,装订起来有厚厚的一本。按照协议,公司确实存在明显的违约行为。正当我们认为,激励对象稳操胜券时,我们发现客户手中的这份协议居然没有公司印章和任何人的签名! 激励对象称当时是签好字的,公司也盖了章,但是签字盖章的文本只有一份——锁在公司的保险柜里,其他激励对象和他一样手中只有一份电子稿。那么这个结果可想而知,公司只要说根本不存在股权激励的事实,激励对象没有证据支持,就很难赢得这场官司!

要想自己的股权激励权益得到保障,你手头至少要有一份全体激励对象和相关股东签字且公司盖章的股权激励协议原件。请记住,一定是原件。建议各位高管可以提出将这份协议装订成册,并要求加盖骑缝章,这样可以防止任何一方抽换其中某页材料,起到固定证据的作用。

5

签好股权激励承诺函,留心
背上"不必要的义务"

古语云:"君子一言,驷马难追。"承诺说出口就一定要兑现。在股权激励中激励对象是否也需做出承诺?违背了自己的承诺要付出怎样的代价?在股权激励中怎样的承诺才算合理?带着这些问题,我们来了解如何签好股权激励中的承诺函。

○什么是股权激励承诺函

在股权激励中,除了签署相关协议,公司为保证股权激励的效果、公司运营的安全,通常会要求激励对象出具承诺函,让员工对一些重要的问题进行承诺和保证。

我们通过整理发现,股权激励承诺函中所承诺的内容通常包括五类:

第一类是对相关信息的真实性的承诺。这类承诺通常包括承诺自己向公司提交的相关资料或是在股权激励访谈中所做出的相关表述是真实可信的,不存在欺骗公司的信息。

第二类是对出资的承诺。这类承诺的内容包括承诺自己将在一定期限内完成购股款的支付,支付资金为自有资金,不会侵犯到他人的权利,或是在以物出资时不存在抵押、质押等权利瑕疵。

第三类是对遵守股权激励规则的承诺。这类承诺函通常由激励对象承诺自己愿意遵守股权激励协议与公司内部相关的规章制度,并同意公司等相关回购主体有权在激励对象离职、违反公司制度、给公司造成损失、股权激励计划终止等情况下,以约定好的价格回购其股权。

第四类是对服务期限和业绩的承诺。这类承诺通常表述为激励对象服务公司的年限、提供的价值或对业绩的承诺。

第五类是商业道德类的承诺。一般表现为公司要求激励对象承诺保守公司商业秘密,遵守竞业限制,不跳槽到竞争对手的公司与公司唱反调。

一份承诺函除了以上五类,也会有一些法定内容的承诺及公司根据自身情况设定的个性化承诺。当然也会针对这些承诺约定相应的违约责任。

承诺函中的五类承诺事项如图7-5-1所示。

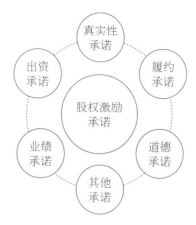

图7-5-1　承诺函中的五类承诺事项

○违反承诺函所要承担的责任

不要铤而走险,认为仅仅是违反承诺能有什么责任。

责任可能很大! 早在2012年,激励对象因违反承诺赔偿公司4000多万元的案件就曾轰动全国。

[案例]

2007年6月,富安娜制订并通过了限制性股票激励计划,以定向发行新股的方式向激励对象发行700万股限制性股票。2008年3月,因向证监会申请IPO上市,富安娜终止了限制性股票激励计划,将所有限制性股票转换为无限制性的普通股。同时部分激励对象向富安娜公司出具《承诺函》称:"自《承诺函》签署日至公司上市之日起3年内,本人不以书面形式向公司提出辞职、不连续旷工超过7日、不发生侵占公司资产并导致公司利益受损的行为。若违反上述承诺,自愿承担违约责任,向公司支付违约金。"

2008年7月起至2009年9月,部分非创业股东向富安娜提出辞职申请,并先后离开公司。甚至部分人员在离职后跳槽至富安娜主要竞争对手处担任高管。

2012年12月26日,富安娜向深圳市南山区法院对21名前激励对象就《承诺函》违约纠纷提起诉讼,要求判令各被告分别赔偿违约金总计8000多万元。

经过审判,法院最终判决这些激励对象累计向富安娜支付违约金4000多万元。一纸《承诺函》,最终导致几千万元的赔偿责任,可见违约的代价不容小觑。股权激励中的承诺真的应该好好遵守!

法院分别评判如下:第一,×××是根据《深圳市富安娜家居用品股份有限公司限制性股票激励计划(草案)》的规定,自愿出资认购富安娜公司内部一定限制的普通股而取得该公司股份。从《深圳市富安娜家居用品股份有限公司限制性股票激励计划(草案)》的内容来看,该计划的激励对象是富安娜公司的高级管理人员及主要业务骨干,激励对象可自愿认购,但其转让须受到公司内部一定的限制。×××是否以优惠价格认购普通股,不影响该事实的认定和本案的处理。第二,由于富安娜公司在上市后难以直接对激励对象转让股份的行为进行限制,亦难以直接回购激励对象的股份,故富安娜公司在终止《深圳市富安娜家居用品股份有限公司限制性股票激励计划(草案)》并根据自愿原则将激励对象所持限制性股票转为无限制普通股的同时,采取由激励对象自愿出具《承诺函》的方式继续对激励对象进行约束。基于此,×××自愿出具《承诺函》。原判认定《承诺函》是《深圳市富安娜家居用品股份有限公司限制性股票激励计划(草案)》的变通与延续,×××自愿出具《承诺函》,不违反公平原则,合法有效,是正确的。×××以各激励对象出具的《承诺函》格式及主要内容相同,主张《承诺函》系格式条款,明显增加了×××作为股东的义务和责任,且限制了其作为劳动者的自由择业权,应认定为无效,法院不予支持。第三,虽然×××与富安娜公司存在劳动合同关系,但双方之间的劳动合同关系与×××购买富安娜公司限制性股票形成的股权关系,属于两个独立的、不同性质的法律关系,有着不同的权利义务内容。原判在认定判断《承诺函》的内容是否符合法律规定时,适用《中华人民共和国合同法》《中华人民共和国公司法》,

而不适用《中华人民共和国劳动法》《中华人民共和国劳动合同法》，并无不当。第四，根据《承诺函》，激励对象如在富安娜公司 A 股上市之日起 3 年内以书面的形式向富安娜公司提出辞职或连续旷工超过 7 日的，应向富安娜公司支付违约金，违约金＝（激励对象持有的富安娜公司股票在证券市场可以公开抛售之日的收盘价－激励对象发生上述违反承诺的情形之日的上一年度的富安娜公司经审计的每股净资产）×（本承诺函签署日激励对象持有的富安娜公司股份＋激励对象持有的富安娜公司股票在证券市场可以公开出售之日前赠送的红股）。从违约金的计算公式不难看出，激励对象按照《承诺函》向富安娜公司支付违约金后所能获得的利益仍为激励对象违反承诺日上一年度经审计的每股净资产价格。这体现了激励与约束相结合原则，不存在违约金过高的情形，不违反公平原则，是合法有效的。

○ 如何合理地做出承诺

在股权激励中我们该如何合理地进行承诺呢？

第一，了解承诺的内容。承诺函对于激励对象而言，绝对是一份责任和义务满满的法律文件，现实中很多激励对象却忽略了它的重要性，甚至看都没看就签字了。如果激励对象连做出了哪些承诺都不清楚,就更不会清楚地了解何谓违约及对应的违约责任。

第二,需确保承诺的内容能够遵守。部分激励对象为获得激励股权,未经缜密的思考就对难以实现的业绩、可能有调整的供职期限进行承诺。在此情境下,即使你获得了公司的激励股权,最终也将面临返还权益和承担违约责任的风险。

第三,违约责任要量力而行。承诺就是为了遵守,但作为激励对象的你也要考虑可能发生的变数,即考虑特殊情形下违反约定时是否承担违约责任。激励对象在签署承诺函时,为表明对公司的忠肝义胆,有时会约定极大的违约责任。这种做法当然很讨老板喜欢,但在变化万千的世界里,谁也不知道意外和明天哪个先来。所以即便从未有过违反承诺的想法,也建议违约责任一定要约定在能够承担的范围内,以免因意外违约让自己处于不利的境地。

6

激励配套协议,让员工知道
股权到底在哪里

为了落实股权激励计划,根据所选择的不同持股平台和路径,激励对象需要签署不同的配套协议。

持股平台是指单纯以持股为目的的合伙企业、公司、信托基金等持股主体。一般情况下,先将激励对象打包放入平台中,再将这些持股平台作为公司的股东。持股平台从公司分取收益再向激励对象进行二次分配,以实现由激励对象间接持有公司股权的目的。

公司如采用架设有限合伙企业作为持股平台达成激励对象间接持股的目的,那么除一般性股权激励协议及相关配套文件之外,还需激励对象与公司股东签署一份关于有限合伙企业持股平台的合伙协议,或者要求签订合伙企业财产份额转让、代持等相关协议。

合伙协议如同公司章程,约定了每个合伙人的权利和义务,以及合伙企业的组织运作方式,是一份纲领性文件。而入伙/合伙财产份额转让协议就是你获得持股平台合伙企业财产份额的一份进入性文件。这份文件通常会明确约定,持有合伙企业财产份额的数量、出资或转让份额等内容。

如果公司采用的是通过有限合伙企业的形式建立的持股平台,那么在通常情况下,公司会要求你签订公司章程、股东协议以及相应的股权转让协议或者增资协议。

○签订这些法律文件时你应该注意什么

以合伙协议为例,首先应该关注该合伙企业的名称。名称可是很重要的,它将直接决定该合伙企业的类型和你要承担的责任。

根据法律规定,合伙企业有两类:普通合伙企业与有限合伙企业。鉴于不同合伙人承担责任的方式不同,所以拿到合伙协议首先应关注并明确合伙企业的性质。

其次,你需要关注你在合伙企业的身份,明确是普通合伙人还是有限合伙人,看清自己在合伙企业中所扮演的角色。

最后就是合伙协议所约定的你所有的合伙财产份额,以及权利与义务是否和股权激励协议中约定的一致。

有限合伙人和普通合伙人的区别如表7-6-1所示。

表7-6-1　有限合伙人和普通合伙人的区别

类型	责任承担	出资方式	关联交易	竞业限制	份额出质	份额转让
普通合伙人	无限连带	货币、实物、知识产权、土地使用权、劳务或者其他财产权利出资	不得与本合伙企业进行交易	不得自营或同他人合作经营与本合伙企业相竞争的业务	需经全体合伙人一致同意,否则无效	须经其他合伙人一致同意
有限合伙人	以其认缴的出资额为限	除劳务出资之外,其他方式都可以	可以与本合伙企业进行交易	可以自营或同他人合作经营与本合伙企业相竞争的业务	份额出质自由	应当提前30日通知其他合伙人

采取有限合伙企业形式架设的持股平台相对简单。因为有限合伙企业全体股东均对公司承担有限责任,此时你只需核对公司章程及股东协议中所约定的股东的权利与义务是否和股权激励协议中的一致就可以了。

接下来,我们再看看其他文件,如入伙协议或者合伙财产份额转让协议。

进入合伙企业的方式决定了企业同你所签协议的具体类型。如果你获得的激励股权来源于某个现有合伙人的转让,那么你可能会同该合伙人签订份额转让协议;如果你的进入方式来源于企业增资,那么企业也许会要求你签一份入伙协议。

与此相同,通过有限合伙企业的持股平台持股,你所签订的协议也取决于激励股权的来源。激励股权来源于某个现有股东的转让时,需要签署股权转让协议;如果来源于增资,那么可能会签订增资协议。

签订这类协议时,需要仔细核对协议上记载的合伙财产份额或者股权数量及相关价格,注意是否与股权激励协议中公司承诺授予的一致,因为这将决定你最终获得的激励股权的数量。

签订了合同还可以反悔吗

○法律规定的无效与撤销条件

从法律角度看,签订合同代表着该合同的成立与生效,但并不是所有的合同在签订后会立即生效。在《民法典》施行后,将其中的合同编与原合同法相比,发现没有直接认定合同无效的情形,而在《民法典》第一编中则有民事行为无效的情形,具体如表7-7-1所示。

表7-7-1 《民法典》第一编中民事行为无效的情形

情形	具体规定
无民事行为能力人签订的合同	第一百四十四条　无民事行为能力人实施的民事法律行为无效。

情形	具体规定
以虚假的意思表示签订的合同	第一百四十六条　行为人与相对人以虚假的意思表示实施的民事法律行为无效。以虚假的意思表示隐藏的民事法律行为的效力,依照有关法律规定处理。
违反强制性规定签订的合同	第一百五十三条　违反法律、行政法规的强制性规定的民事法律行为无效,但是该强制性规定不导致该民事法律行为无效的除外。违背公序良俗的民事法律行为无效。
违背公序良俗签订的合同	
恶意串通损害他人利益的合同	第一百五十四条　行为人与相对人恶意串通,损害他人合法权益的民事法律行为无效。

当然除了合同无效,《民法典》也列出了合同可撤销的相关情形,如在表7-7-2所示的情形下所订立的合同可以申请撤销。

表7-7-2　可以申请撤销的合同订立情形

情形	具体规定
基于重大误解实施的民事法律行为的效力	第一百四十七条　基于重大误解实施的民事法律行为,行为人有权请求人民法院或者仲裁机构予以撤销。
以欺诈手段实施的民事法律行为的效力	第一百四十八条　一方以欺诈手段,使对方在违背真实意思的情况下实施的民事法律行为,受欺诈方有权请求人民法院或者仲裁机构予以撤销。

续表

情形	具体规定
受第三人欺诈的民事法律行为的效力	第一百四十九条　第三人实施欺诈行为,使一方在违背真实意思的情况下实施的民事法律行为,对方知道或者应当知道该欺诈行为的,受欺诈方有权请求人民法院或者仲裁机构予以撤销。
以胁迫手段实施的民事法律行为的效力	第一百五十条　一方或者第三人以胁迫手段,使对方在违背真实意思的情况下实施的民事法律行为,受胁迫方有权请求人民法院或者仲裁机构予以撤销。
显失公平的民事法律行为的效力	第一百五十一条　一方利用对方处于危困状态、缺乏判断能力等情形,致使民事法律行为成立时显失公平的,受损害方有权请求人民法院或者仲裁机构予以撤销。

但是,撤销权并非随时随地都可行使,除了需要向人民法院或仲裁机构请求予以撤销外,在撤销的时间上法律也有具体的规定。

第一百五十二条　有下列情形之一的,撤销权消灭:

(一)当事人自知道或者应当知道撤销事由之日起一年内、重大误解的当事人自知道或者应当知道撤销事由之日起九十日内没有行使撤销权;

(二)当事人受胁迫,自胁迫行为终止之日起一年内

没有行使撤销权;

(三)当事人知道撤销事由后明确表示或者以自己的行为表明放弃撤销权。

当事人自民事法律行为发生之日起五年内没有行使撤销权的,撤销权消灭。

如果所签订的合同不存在无效情形或可撤销情形,那么合同签订后便会产生法律效力。与股权激励相关的合同也不例外,合同生效后便产生了法律效力,员工就应该履行合同中规定的义务并享有对应的权利。

○ 合同约定的犹豫期

已经签好合同却后悔了,该怎么办?这时就要看签订的股权激励合同中有没有关于犹豫期的约定了。过去一段时间,许多股权激励协议都未设定有关犹豫期的条款,但现今该条款的设定成了每个股权激励项目必须考虑的问题之一。

(1)为什么要约定犹豫期

犹豫期的设定与网络购物的出现密不可分。网络购物不仅改变了人们的消费习惯,还改变了人们的消费心理,让不少消费者养成了冲动消费的习惯。

这一消费心理,无形中也作用到了股权激励中。过去与激励对象进行事前访谈时,很少有对象会提出"参加股权激励计划可以反悔吗?"这一问题,但现在,越来越多的激励对象会提出这样的疑问。访谈对象提出设定犹豫期的请求,让我们不断肯定此举的必要性。如图7-7-1中的"七天无理由退货"就是一个例子。

☆ 收藏 | 👍 41 | 👎 67

七天无理由退货指商品到货日起7日内无理由退货,2014年3月15日正式实施新消费者权益保护法规定,除特殊商品外,网购商品在到货之日起7日内无理由退货。

2014年2月13日,工商总局公布了《网络交易管理办法》,消费者的网购"后悔权"将在法律和部门规章层面获得支持。

2017年11月7日,北京市工商局、市食药监局等8家单位,对京东、天猫、亚马逊等13家网络交易平台进行了行政指导,强调不得采用格式条款设置订金不退、预售商品不适用七日无理由退货等不合理规定。[1]

2021年3月15日,国家市场监督管理总局与中央广播电视总台联合发出倡议,倡议广大实体店经营者自愿参与"七日线下购物无理由退货承诺"活动。[9]

中文名	七天无理由退货		工商总局公布	2014年《网络交易管理办法》
实施时间	2014年3月15日		网购后悔权	在法律和部门规章层面都获得支持
			网购商品	在到货之日起7日内无理由退货

图7-7-1　网络上关于"七天无理由退货"条款的解释[①]

心理学研究表明,人往往在做出决定之前,对可能出现的后果已经有一定的预知,但由于自身的疏忽大意或者盲目乐观,对潜在风险及不利结果没能采取必要的预防措施,最终做出了错误的决

---

① 资料来源:https://baike.baidu.com/item/%E4%B8%83%E5%A4%A9%E6%97%A0%E7%90%86%E7%94%B1%E9%80%80%E8%B4%A7/13023023?fr=ge_ala。

定。这种情况下人们非常容易产生后悔的情绪,因为他们曾经接近正确选择。

换言之,后悔情绪的产生,是由于激励对象从一开始并不了解自己所参与的股权激励,不理解自己作为激励对象将享受的权利、承担的义务,甚至并不真正明白参与股权激励的原因,只是一时兴起的冲动行为。

但股权激励是实实在在的投资行为,不比网购随意。这就需要激励对象在决策前对公司的股权激励计划有深入的了解,更需要对投资产生的风险进行预判,如公司的经营风险、激励股权的升值空间和分红。

实践表明,激励对象贸然进行非理性投资,进而产生后悔情绪,影响了工作的心态,为纠正这一切甚至急于退出,不惜和公司产生纠纷。这不仅违背了股权激励的本意,更对公司和激励对象造成了直接的影响与损失。

(2)股权激励的犹豫期是什么

目前的股权激励协议基本会设定犹豫期条款,期限根据公司的不同情况而定,长则1个月甚至3个月,短则7日。在此期限内,激励对象可以对签订的激励事项反悔,当激励对象退出公司股权激励计划的请求成立时,公司将无息返还其购股款。

激励对象在犹豫期间退出是不需要承担违约责任的,但这与股权激励是严肃的投资行为特质相悖,因此绝不鼓励这种未经谨慎论证的非理性投资行为。所以绝大多数股权激励项目都会约定,如果在犹豫期退出公司的股权激励计划,那么你虽然无须承担违约责任,但会失去未来参与公司股权激励的资格。

即便公司的股权激励协议中存在有关犹豫期的约定,我们还是强烈建议尽量在投资决策前进行全面的评估与分析,切勿大意冲动,更不要抱着先参与再看的心态。否则,即便是可以"无理由退货",也会影响未来参与股权激励的机会,甚至是老板对你的看法。

(3)如果没有犹豫期,反悔后你将承担哪些违约责任

在实践中,也有许多激励协议并未设定犹豫期,那么在此情况下,如果事后后悔了怎么办?

这就需要打开员工所签订的所有相关法律文件仔细阅读,仔细搜索有没有约定合同的解除条件,如果有,是否可以按照约定的内容同公司解除股权激励协议。如果合同中没有约定解除的条件和方式,那就要向公司表明自己退出的意愿,同公司协商解除。

协商解除时,员工需要承担约定的违约责任。一般来说,协议约定的责任包括违约金和给公司造成的实际损失,以及另行约定的其他违约责任。

所以说，一定要看清楚、想清楚股权激励，再下笔签字，千万不要等到签完字，把合同拿回家，才后悔不已。

第 8 章

警惕股权激励中的风险，

小心"馅饼"变"陷阱"

警惕股权激励中的风险,小心"馅饼"变"陷阱"

森林里有熊、狼、狐狸三只野兽,有一天它们结成联盟,专门猎捕羊群,羊群死伤惨重。老的领头羊疲惫不堪,郁郁而终。一只年轻的羊被选为新的领头羊。年轻的领头羊对群羊说:我们邀请狼、熊、狐狸中的一位来做我们的头领吧,依靠它们中的一位,我们一定可以生活得更好。

消息一出,群羊激愤:这不是把我们往火坑里推吗?狼、熊、狐狸听闻消息则喜出望外,暗地里都打算要争得群羊头领的位置。熊先下手为强,趁狼不备一掌拍过去,狼当场死于非命。狐狸很狡猾,在猎人挖好的、用树枝伪装的陷阱旁边装睡。熊悄悄逼近狐狸,一下子扑上去,结果掉到了陷阱里,被猎人逮个正着。

狐狸如愿以偿除掉了熊、狼两个竞争对手,可仅凭它一只野兽,对群羊也就失去了威胁。群羊协作,将狐狸赶出了森林。

可见,当你痴迷于权力、醉心于收益时,往往会被蒙蔽而忽视相应的风险。

股权激励亦是如此,在给激励对象带来利益的同时,也存在相应的风险,如果不够警惕可能会对你的利益与前程产生一定的影响。这些风险,有的是伴随公司自身商业模式和经营特点而产生的,有的则存在于公司的股权激励模式与相应的法律文件当中。由于每一家公司的实际情况不同,我们没有办法一一穷尽,只能在本章中对一些高发的风险点进行说明,希望对读者朋友有所帮助。

1

股权代持风险的高发区

○ 股权代持是什么，合法吗

何谓股权代持？通俗来讲，出资人想要对一家公司出资，但由于种种现实原因，该出资人不想体现在工商登记信息中，所以他就找到甲，把股权登记在甲的名下，让甲在名义上帮他持有公司股权。股权代持就是实际出资人向有限公司或股份有限公司出资，但不以自己的名义登记为该公司股东，而委托他人作为名义股东在股东名册、公司章程、出资证明书、工商登记等法律文件中登记。

股权代持是合法有效的。《最高人民法院关于适用〈中华人民共和国公司法〉若干问题的规定（三）》（以下简称"《公司法》司法解释三"）第二十四条第一款规定："有限责任公司的实际出资人与名义出资人订立合同，约定由实际出资人出资并享有投资权益，以名义出资人为名义股东,实际出资人与名义股东对该合同效力发生争议的,如无法律规定的无效情形,人民法院应当认定该合同有效。"

○什么情况下会出现股权代持

什么情况下会出现股权代持呢?现在股权代持已经越来越多地被运用到投融资市场,很多公司采用股权代持的方式来实现一些目的。

一般在以下情况下,公司倾向于采用股权代持方式:

第一,依据法律法规,某些特定身份或者职业不能成为股东,这类群体会选择以股权代持的方式委托他人持股。

第二,《公司法》第四十二条规定:"有限责任公司由一个以上五十个以下股东出资设立。"在这种情况下有些人会选择股权代持的形式,使股东人数突破五十人的上限。

第三,公司进行股权激励时,考虑到人员的稳定性,避免因激励对象离职而造成频繁的工商登记变更,会由部分股东代持激励对象的股权,以简化变更手续。

第四,投资者对外多元化投资时,为避免公司之间显示出关联性,可能会基于信任关系将其出资形成的股权交给代持人持有。

第8章

警惕股权激励中的风险，小心"馅饼"变"陷阱"

○股权代持的原因多种多样，但其中存在的风险有哪些呢

我们将股权代持中存在的风险概括为四类：道德风险、债务风险、失控风险、显名风险。

(1)道德风险

道德风险比较容易出现的是名义股东擅自处分股权。名义股东代替实际出资人行使股东权利，并且股权是登记在名义股东名下的，可能会出现名义股东在未经实际出资人许可的情况下，擅自将股权转让或质押。

像这样，受让方能否取得该股权呢？根据法律的规定，如果股权的受让方或者质权人对代持情况不知情且股权转让价格公允合理，那么这样的转让和质押行为是有效的。而实际出资人只能向名义股东主张因其私自处分股权所产生的违约赔偿责任。在这种情况下，即便法院支持实际出资人向名义股东主张违约赔偿责任的诉讼要求，实际出资人也会失去其所持有的股权。

(2)债务风险

如果你通过他人代持的形式持有激励股权，那么代持的激励股权会因为名义股东的个人债务问题而产生一定的风险。如名义股东因为个人债务无法清偿，其名下的财产，包括为你代持的相关

261

股权将会存在被法院强制执行以清偿债务的可能。这会对你的激励股权产生相应的风险。

(3)失控风险

失控风险是什么呢？作为隐名的股东,意味着不能参加股东大会,对公司经营的事项不享有表决权,更不能直接以股东的身份要求行使对公司的知情权,也无法在股东会层面参与公司的经营管理以及了解公司经营情况。这将导致你对公司及作为激励对象的股东权利失去控制。

(4)显名风险

根据《公司法》司法解释三第二十四条第二款、第三款的规定,前款规定的实际出资人与名义股东因投资权益的归属发生争议,实际出资人以其实际履行了出资义务为由向名义股东主张权利的,人民法院应予支持。名义股东以公司股东名册记载、公司登记机关登记为由否认实际出资人权利的,人民法院不予支持。实际出资人未经公司其他股东半数以上同意,请求公司变更股东、签发出资证明书、记载于股东名册、记载于公司章程并办理公司登记机关登记的,人民法院不予支持。显名风险是指当条件达成,你需要通过工商登记直接显名登记为公司股东,却遇到相关障碍或者他人阻挠无法显名所产生的相应风险。

总结一下,在股权代持情况下可能存在的风险如图 8-1-1
所示。

道德风险	源于代持人的个人道德问题,如在代持人的多种恶意操作下被代持人的权益受损
债务风险	源于代持人的个人债务问题,如在法院依法查封扣押冻结下被代持人的权益受损
失控风险	代持人代为参与股东会,代持人完全可以不予透露全部信息或透露错误信息,使得被代持人的权益受损
显名风险	代持人为显名股东,在被代持人要求显名时代持人完全可以拒绝,使被代持人权益受损

图 8-1-1 股权代持情况下可能存在的风险

那么,我们是否要接受代持,可以根据以下角度进行判断,如
图 8-1-2 所示。

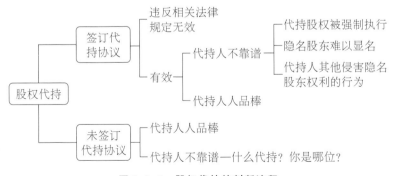

图 8-1-2 股权代持的判断流程

离婚是不是一场股权危机

曾经有激励对象问:被激励是因为我个人表现优异,这跟我的婚姻状况有何关系?难道我的另一半在离婚时还能分割我的股权吗?没错,确实会有这种可能。

○为何说离婚时会遭受股权危机

大家是否记得曾经的土豆网?2010年11月,土豆网首次申请IPO,但最终因CEO王某的离婚案,上市计划被搁浅。原因在于王某和杨某离婚时,王某只给了杨某10万元,杨某则在土豆网上市的关键时刻冻结了王某持有的股权,最终获得700万美元现金。但是,土豆网的上市进程却因诉讼耽搁了大半年,错过了最佳上市时机,导致土豆网最后被优酷网并购。对土豆网股东而言,造成的经济损失远远超过 700 万美元。夫妻任何一方持有的股权都被认定为夫妻共同财产,离婚时若一方申请进行股权分割,则会成为股权纠纷危机之一。许多案例表明,离婚时的股权分割可能会影响公司的经营包括上市进程,巨额的分手费可能会造成公司股价暴跌,而对于大股东而言更有可能丧失对公司的控制权。

[案例]

美国当地时间 2019 年 1 月 9 日,亚马逊 CEO 贝索斯宣布与妻子结束 25 年的婚姻,消息一时震惊世人。根据美国当地法律,前妻麦肯锡有权分得贝索斯的一半财富。而有数据显示,当时的贝索斯身家为 1 370 亿美元,位列世界第一,将排名第二的比尔·盖茨(身家约 995 亿美元)远远甩在身后。如果前妻坚持均分财产,那么贝索斯不仅将损失大量财富从而失去世界首富的宝座,更要命的是贝索斯将不得不交出亚马逊一半的股份,这不仅会严重削弱以贝索斯为首的公司创始团队对亚马逊的控制权,严重影响亚马逊的商业发展与未来规划,还极有可能沉重打击亚马逊的股价,影响中小股东的切身利益。

○哪些股权会被认定为夫妻共同财产

首先,你需要知道哪些股权会被认定为夫妻共同财产。你获得股权可能是在婚前,也可能是在婚后,可能是通过个人财产购买的,也可能是夫妻共同财产购买的。在不同情况下取得的股权会有不同的认定,这需要做一个区分。

用个人财产购买的股权资产应该如何界定呢?

当你愿意分给你的另一半部分股权时,法律层面上是可以操作的。不过,针对你的股权本金和股权收益是有区分的。对于股权本金,法律认可它属于你的个人财产,但公司在经营中获得的利润,也就是你所收取的红利,以及股权增值部分的收益,一般会被认定为夫妻共同财产。也就是说,当婚姻关系结束时,对于股权红利及股权较购买时出资价格的增值收益,你的另一半是有权分割的。

如果是在婚后用夫妻共同财产购买的股权,不论是当初购买股权的本金、基于股权所获得的红利还是增值收益,均被认定为夫妻共同财产。

也就是说,作为一种"看得见、摸不着"的财产性权益,股权因婚姻关系而发生变动时,夫妻双方产生的分割争议适用《中华人民共和国民法典》《最高人民法院关于适用〈中华人民共和国民法典〉

婚姻家庭编的解释(一)》的规定,夫妻一方个人财产在婚后产生的收益,除孳息和自然增值外,应认定为夫妻共同财产。股权所有权在不同时期的变化如图8-2-1所示。

图8-2-1　股权所有权在不同时期的变化

婚姻关系变动带来的股权及其收益的所属认定如图8-2-2所示。

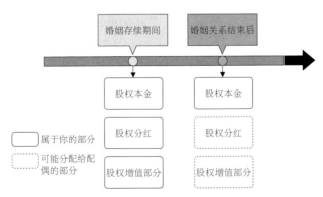

图8-2-2　婚姻关系变动带来的股权及其收益的所属认定

○ 如何认定分割的股权折价款

《最高人民法院关于适用〈中华人民共和国民法典〉婚姻家庭编的解释(一)》第七十三条规定:"人民法院审理离婚案件,涉及分割夫妻共同财产中以一方名义在有限责任公司的出资额,另一方不是该公司股东的,按以下情形分别处理:(一)夫妻双方协商一致将出资额部分或者全部转让给该股东的配偶,其他股东过半数同意,并且其他股东均明确表示放弃优先购买权的,该股东的配偶可以成为该公司股东;(二)夫妻双方就出资额转让份额和转让价格等事项协商一致后,其他股东半数以上不同意转让,但愿意以同等条件购买该出资额的,人民法院可以对转让出资所得财产进行分割。其他股东半数以上不同意转让,也不愿意以同等条件购买该出资额的,视为其同意转让,该股东的配偶可以成为该公司股东。用于证明前款规定的股东同意的证据,可以是股东会议材料,也可以是当事人通过其他合法途径取得的股东的书面声明材料。"

有限公司股东配偶因离婚分割成为公司股东的条件如图8-2-3所示。

有限公司配偶因离婚分割成为
公司股东的条件

过半数股东同意,其他股东明确表
示放弃优先购买权的

过半数股东不同意转让,也不愿意
以同等价格购买该出资额的,视为
其同意转让

图8-2-3　有限公司股东配偶因离婚分割成为公司股东的条件

通过合伙企业持股平台持有激励股权。《最高人民法院关于适用〈中华人民共和国民法典〉婚姻家庭编的解释(一)》第七十四条规定:"人民法院审理离婚案件,涉及分割夫妻共同财产中以一方名义在合伙企业中的出资,另一方不是该企业合伙人的,当夫妻双方协商一致,将其合伙企业中的财产份额全部或者部分转让给对方时,按以下情形分别处理:(一)其他合伙人一致同意的,该配偶依法取得合伙人地位;(二)其他合伙人不同意转让,在同等条件下行使优先购买权的,可以对转让所得的财产进行分割;(三)其他合伙人不同意转让,也不行使优先购买权,但同意该合伙人退伙或者削减部分财产份额的,可以对结算后的财产进行分割;(四)其他合伙人既不同意转让,也不行使优先购买权,又不同意该合伙人退伙或者削减部分财产份额的,视为全体合伙人同意转让,该配偶依法取得合伙人地位。"具体流程如图8-2-4所示。

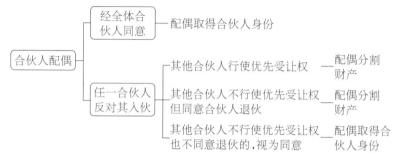

图 8-2-4　离婚时合伙企业财产分割流程图

　　基于股权激励而被授予股权的员工,除非他的另一半也在公司工作而且很有能力,否则,当其另一半提出分割股权的要求时,公司的老板一般情况下不会同意其另一半作为新股东加入。

　　那如何分割呢?首先评估员工所持股权的现有价值,然后分相应的折价款给另一半。

　　有人问了,在婚前取得的股权和在婚后取得的股权,另一半作出的贡献并不一样,那如果是同等地进行分配岂非不公平?

　　关于股权分割的折价款,根据法律的规定,不同时期取得的股权,在分割时的折价款也会做出相应区分。如果是在婚前取得股权的,那么折价款的计算方式应该是离婚时的股价减去结婚时的股价;如果在婚后取得股权,那么折价款的计算方式是离婚时的股价减去被授予时的价格。对于股权分割的折价款,通常情况下,员工的另一半在离婚时可以向员工主张其中的二分之一。因此,根据员工取得股权的婚前婚后不同时期,分配给另一半的折价款也会有相应的调整。

目前,在实务中比较常用的股权激励模式是股权期权,而基于股权期权的形式,最初仅授予员工行权与否的权利,只有在激励对象行权之后才能真正享有公司的股权。所以股权期权在夫妻共同财产的认定上,相较于其他激励模式,又存在一定的特殊性。

[案例]

京东2015年第二季度报告中对首席执行官薪酬的说明显示:

2015年5月,董事会批准了一项针对公司董事长兼CEO刘某某的为期10年的薪酬计划。依照该计划,刘某某每年只能取得1元人民币的现金薪水及0元奖金,但是被授予2600万股A股普通股的期权,行权价格是每股16.7美元,而且依照10年期限每年分配。在此10年期间,公司不再额外对刘某某进行任何股权激励。

章某某和刘某某结婚领证前夜,也就是2015年8月7日晚,京东集团在发布财报的同时,宣布根据京东董事会5月份批准的董事长兼CEO刘某某的10年薪酬计划。

事实上,刘某某1元年薪的背后就是股权激励的行权逻辑。对刘某某而言,从2015年5月起,每年他都有10%的期权,也就是260万股进入可行权状态,他可以在计划有效期内选择是否行权获得股票,并在市场上兑现或持有。而他本人只有行权之后才能获得相应的收入,此举是为了表示刘某某对京东未来发展的信心,意味着刘某某将个人命运与京东的未来发展捆绑在一起。

那么这是不是所谓的婚前财产安排呢?对于刘某某在婚前取得的股票期权,如果有一天他和章某某真的发生婚姻上的意外,章某某能否对他婚前取得的股票期权主张收益呢?

对于这个问题,最高人民法院早在2009年就已经给出了答案。根据《广东省高级人民法院关于婚前取得的股票期权,离婚后行权所得能否确认为夫妻共同财产问题的批复》(粤高法民一复字〔2009〕5号),具体如下:

你院《关于婚前取得的股票期权,离婚后行权所得能否确认为夫妻共同财产问题的请示》收悉。经研究,答复如下:

基本同意你院审判委员会的多数意见。LF婚前取得的股票期权,是XT科技公司作为一种激励机制而赋予员工有条件地购买本企业股票的资格,并非具有确定价值的财产性权益。该期权要转化为可实际取得财产权益的股票，必须以员工在公司工作时间的积累为前提条件。在LF与SHS二人婚姻关系存续期间，LF的部分股票期权可行权并获得财产权益。虽然LF是在离婚后才行使股票期权，但无法改变其在婚姻关系存续期间可以行使部分期权并获得实际财产权益的事实。根据《中华人民共和国婚姻法》第十七条，参照最高人民法院《关于适用〈中华人民共和国婚姻法〉若干问题的解释(二)》第十一条、第十二条的规定，LF在婚姻关系存续期间可通过行使股票期权获得的该部分股票财产权益，属于在婚姻关系存续期间明确可以取得的财产性收益，宜认定为夫妻共同财产。

因此，股权期权的分割其实很简单。不管员工的股权是在婚前所得还是在婚后所得，只要在婚后具备可行权条件，不管是否已行权，均可认定为夫妻共同财产。当然，在实际操作中关于股权的分割还是存在一定区别，若一方的股权期权是婚前所得，则法院可能会酌情给获得股权期权的一方较多的份额。

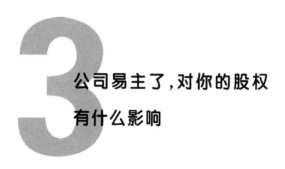

3 公司易主了,对你的股权有什么影响

公司的管理层、股东进入或退出公司是很正常的事情,那么公司股东尤其是大股东变动跟股权激励计划是否有直接利害关系?公司 CEO 辞职是否会导致股权激励无法进行? 如果出现这样的情况,员工又该如何维护自己的权益?本节我们一起了解一下公司"易主"对激励股权会产生什么样的影响。

所谓的公司"易主"是指两类人发生变化:第一类是核心经营管理人员,如公司的经理等的变动;第二类是公司的实际控制人、公司股权的变动。公司股权变动是指公司的股权情况发生了变化:一种是股权总数发生了变化,包括增资、减资两种形式;另一种是股权的所有人发生了变化,即股权转让。不同的人员变化以及不同的"易主"情形,其后果也是不同的。

公司"易主"的情况如图8-3-1所示。

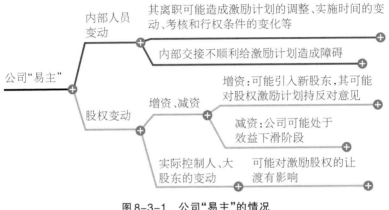

图8-3-1　公司"易主"的情况

○公司核心经营管理人员变动对股权激励的影响

一般来说,公司经理发生变动不会对股权激励产生实质性影响,因为这些人员都没有直接和激励对象签股权激励协议,他们承担的仅仅是对激励对象进行考核、管理的工作。但是,不能说这一层级的变动对股权激励一点影响都没有。比如,公司一位重要的人事主管离职了,但交接工作出现问题,导致公司激励对象的绩效考核文件都不见踪迹,而恰巧当前有一批激励对象即将进入行权期。没有绩效考核,就无从判断哪些激励对象可以行权,这将导致公司的股权激励陷入僵局。

因此,公司经营管理人员发生变动,对股权激励可能产生潜在的影响,例如股权激励相关文件档案、激励对象的绩效考核情况、行权时间与进度统计表等一系列资料的移交。因此,为避免相关影响,员工首先需要了解公司有无组建股权激励委员会来对相关事项进行统一管理,公司是否具备科学合理的人力资源管理体系,公司是否具备完善的员工绩效考核系统及是否能妥善保管员工考核资料,激励对象的行权时间进度是否有专人管理,股权激励相关文件是否有备份等。如果没有,则需要提前找相关人员开具相关绩效考核及股权激励实施的证明,以免在相关人员离职后无法证明自己的履职情况。

○公司实际控制人、股权结构发生较大变化对股权激励的影响

如公司原第一大股东发生变动,而激励对象所签订的股权激励协议中约定的激励股权正是来源于这个股东,且此时大股东已经转让股权导致其并没有股权可以让渡给激励对象,在这种情形下,受让股权的新股东没有义务给予该激励对象激励股权,除非新股东与原股东在转让股权时签署了协议,约定新股东继续履行股权激励项目的义务。因此,这种情况对股权激励对象的影响是较

大的。为了保障自身的合法权益,建议激励对象在大股东股权转让前提前行权到位。

如果公司通过增资的方式引入新的股东,原则上新股东的加入不会对股权激励产生影响,但不能排除新股东要求股权激励计划终止或取消。如果有这样的要求,就会对股权激励产生一定的影响。我们建议,在这种情况下,激励对象可以要求公司提前行权到位,以保障自身的权益。此外,激励对象需要保存好有关股权激励的证据,如涉及股权激励的汇款单、银行流水,以及签订的股权激励协议等,以便后续出现问题时主动出击。

○如何应对公司其他人员变动对你的利益影响

为了保障自己的权益,应当及时披露以便股权激励的事实被相关人员充分知晓。例如,可以在股东还没有完成变更之前,及时向新股东反映股权激励相关事宜,以便新股东知晓。

4

老板恶意转移公司资产,导致股权激励泡汤,你该怎么办

老板恶意转移公司资产,导致股权激励泡汤,该怎么办?在实践中,不光老板可能恶意转移公司资产,董事、监事、高管均有可能违背忠诚义务,做出有损公司利益的事,这些都会影响股权激励。

○恶意造成公司财产损失的情况具体有哪些

恶意转移公司财产,通常有以下几种情形:

第一,公司的董事或者高级管理人员偷偷挪用公司的资金或者将公司的资金以其个人名义或者以他人名义,开设银行账户进行存储或者投资以赚取钱财;

第二,公司老板未经公司章程规定的程序,自行将公司的资金

借给他人或以公司的名义为他人提供担保；

第三，虽然员工与老板已经就股权激励事项签订了代持协议，但老板私下对该股权进行售卖或者质押；

第四，公司高管未经公司股东会或董事会决议，利用职务便利为其亲属谋取原本应属于公司的商业机会，如为其亲属创立与公司同类型的企业；

第五，高管掌握了公司的技术机密，经不起外界的诱惑，将公司的商业机密出售给主要竞争对手，导致公司业绩下滑面临巨大危机，从而对分红造成影响。

综上所述，公司其他人员变动对激励对象的影响基本可以归纳为两类：第一类是公司在未经过员工同意的情况下处置了员工的股权；第二类是公司董事或者高管违反职业道德，实施了《公司法》禁止的行为，损害了公司的经济利益，进而对员工的股权激励造成负面影响。

恶意转移公司财产的情形如图8-4-1所示。

未按照《公司法》规定、公司章程约定履行职责
股东、高层等未按照公司章程规定进行决议；
高层等未履行忠实协议；
……

由股权激励事项约定的不完善造成的
老板私自售卖、质押代持股权；
股权激励协议中，双方的权利、义务极度不对等；
激励对象不了解合同条款的含义而盲目签署；
……

损害公司利益

侵犯激励对象的股权

图8-4-1　恶意转移公司财产的情形

○如何应对公司高管恶意造成公司财产损失的情况

如何应对公司高管恶意造成公司财产损失的情况呢？通常可以采取两种方式：协商和诉讼。

如果你所持有的股权被代持人售卖，那么你只能通过司法诉讼的方式请求赔偿。

但如果是公司的董事、监事、高管对公司造成了损害，根据《公司法》第一百八十八条的规定，董事、监事、高级管理人员执行职务违反法律、行政法规或者公司章程的规定，给公司造成损失的，应当承担赔偿责任。因此,可以向董事、监事、高管发起诉讼要求其赔偿给公司造成的实际损失。

可以提起请求的主体有:有限责任公司的股东,或者在股份有限公司连续180日以上,单独或者合计持有公司1%以上股份的股东。

如果公司的董事或高级管理人员有法定损害公司情形的,可以通过书面的形式,请求监事会或者不设监事会的有限责任公司的监事,向人民法院提起诉讼;如果员工本人是公司的监事,有法定损害公司利益的情形的,可以书面请求董事会或者不设董事会的有限责任公司的执行董事,向人民法院提起诉讼。总结一下,即如果董事和高管"犯错",则向监事申请;如果是监事"犯错",则向董事申请,即"交叉请求"。

交叉请求如图8-4-2所示。

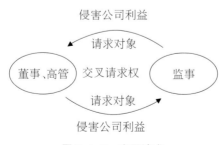

图8-4-2 交叉请求

如果请求的对象受理了请求,则由公司以自己的名义提起诉讼,诉讼代表人可以是监事会负责人或董事长等。

若公司的董事会或者监事会拒绝了请求,不愿意提起诉讼,则可以由股东提起"代表诉讼",此时员工本人是原告,被告则是使公司受到损害的侵权人。需要注意的是,能否代为诉讼的前提是员工是否直接持有公司的股权。

法院判决的结果直接由公司承担。员工作为名义上的诉讼方,不享有任何权益。这说明员工只是代表公司参与诉讼而已,是"形式上的原告",公司才是真正的原告。律师的合理费用和为本次诉讼支出的调查费、评估费、公证费等是由公司承担的。

○事前需要做好哪些准备

除考虑应对恶意造成公司财产损失的情况之外,还需要考虑事前需要做的准备。在进行股权激励时,要签好相关协议。如果是股权代持的情况,那么签订股权代持协议是必不可少的;之后,需要所有的股东签署股东会决议,表示知晓该股权是代持的,并且同意实际出资人在未来达到一定条件后显名。

对于董事、监事、高管出现法定损害公司资产的情形,可以在股权激励协议中约定。出现约定情形时,员工可以要求公司以合理的价格回购该股权,并且结算分红。

公司不景气,没人回购股权,该如何维权

激励对象参与股权激励,不仅要考虑分红收益,还要考虑后期股权增值收益,所以会存在将手中股权套现的情况。如果公司现阶段运营状况不佳,甚至面临破产的风险,那么员工想让公司回购手中的股权,应该如何操作?

○ 前期在协议中设置回购条款

在制订股权激励计划时,就要约定好激励对象的退出机制。如果激励对象从公司离职,并且符合协议中的相关约定,那么激励对象就可以将股权套现。若前期没有约定好回购条款,则极有可能会阻碍套现。

首先,需明确约定回购主体,这样有助于在后期要求回购时更加有可操作性。一般情况下,会约定由大股东或大股东及公司指定的第三方为激励股权的回购主体,由他们负责回购并签署法律文件,回购价款由回购主体支付。

其次,退出机制中通常会区分主动退出和被动退出两种情形,不同的退出情形会匹配不同的回购价格和回购方式。

例如,激励对象主动要求退出,处置股权有两种方式,即股权转让和请求回购主体回购激励对象的股权。股权转让又分为对内转让和对外转让,通常公司会对对外转让股权做出限制。因为有限责任公司是人合性和资合性相结合的,在考虑人合性的情况下,有些公司从公司结构安全及稳定性的角度出发,可能会限制公司外部的人进入。

激励对象想要保障自己的权益,建议在制订股权激励方案时就提出设置回购条款,保障后期所持有的股权能够顺利被回购,从而达到退出的目的。

回购条款中一定会约定好回购价格。实际操作中会针对不同的退出情形匹配不同的回购价格。如果激励对象存在严重过错,如严重损害公司利益、存在违法行为等情形退出的,公司可能会按照惩罚性的价格如低价甚至原价回购。其他相关退出情形的,公司则可能按照孰高原则进行回购。

回购条款包含的三个要素如图8-5-1所示。

图 8-5-1　回购条款包含的三个要素

○ 没人回购时,该怎么办

如果公司不景气,确定没人回购股权,该怎么办呢?

首先,需要确定当初在协议签订时,是否有对该情形的约定,如果没有约定,则可以通过诉讼的方式解决。

除此之外,你也可以考虑将该股权对外转让,当然这需要你直接持有公司股权。

有限责任公司的股东之间可以相互转让其全部或者部分股权,激励对象如果需要对外转让股权,应根据《公司法》等相关规定执行。如果激励对象要向公司股东以外的人转让股权,应当将股权转让的数量、价格、支付方式和期限等事项书面通知其他股东，其他股东在同等条件下有优先购买权。股东自接到书面通知之日起三十日内未答复的，视为放弃优先购买权。两个以上股东行使优先购买权的，协商确定各自的购买比例；协商不成的，按照转让时各自的出资比例行使优先购买权。当然，如果公司章程对股权转让另有规定的，从其规定。

股东优先购买权是指股东在同等条件下享有的较非股东以外优先购买公司股权的权利。这是为维护有限责任公司人合性，有限责任公司股东特别享有的一种法定权利。同等权利其实就是一个比较的过程，将享有优先权的股东开出的条件，和第三人承诺的条件进行比较。在形式上，可以表现为价格、支付方式、违约责任等条款的比较。

所以，遇到公司不景气，无人回购激励对象的股权，如果没有对外转让的限制，激励对象可以考虑找下家接手自己的股权；如果股东不同意转给他人，那他就需要以同等条件购买激励对象的股权。

○法律中有强制公司回购的规定吗

法律中存在股东请求公司回购股权的情形，但需要符合以下情形之一：

警惕股权激励中的风险,小心"馅饼"变"陷阱"

第一,公司连续五年盈利,并且符合《公司法》规定的分配利润条件,但就是不向股东们分配利润,这种情况已经持续了五年,则激励对象可以提起诉讼,请求公司回购股权。

第二,若通过股东会决议对公司进行合并、分立、转让主要财产,但有一名股东不同意,则其可以作为异议股东提起诉讼,请求公司回购股权。

第三,当公司出现章程规定的其他解散事由,或者章程规定的营业期限届满,但是股东会会议通过决议修改章程使公司存续的,激励对象可以提起诉讼,请求公司回购股权。

在以上情形中,请求公司回购股权的主体仅限于对股东会上述某项决议投反对票的股东,同意股东会上述某项决议或者对决议弃权的股东,是无权请求公司回购股权的。以上所述激励对象均指公司以实股为股权激励模式的员工。

值得一提的是,根据《公司法》第八十九条的规定,公司的控股股东滥用股东权利,严重损害公司或者其他股东利益的,其他股东有权请求公司按照合理的价格收购其股权。这种新增的回购方式,有利于保护小股东的利益。

提起回购请求权的诉讼,是在民事案件案由体系下属于与公司有关的纠纷——"请求公司回购股份纠纷"情形的一种。对于股权回购价格的确定,可以由股东根据自由协商原则,达成一致的商定结果,即可对当事人具有法律约束力。

虽说自由商定至上,但《公司法》中也有关于股东请求公司通过合理的价格回购其股权的规定,所以在实际操作中回购还需要合理的价格。

总的来说,激励对象出现上述情形时,可以考虑通过"法律赐予我的异议股东回购权"来解决,但这要求激励对象直接持有公司的股权。

6 条件达成,公司却不履行承诺,该怎么办

我们曾与很多不同行业的激励对象进行访谈,激励对象除了咨询关于股权激励的收益问题,还表达了一些忧虑,如:股权激励看着很美好,但是会不会存在风险? 现在我的老板愿意面对面交谈,但等到合同签完、款项支付后,会不会翻脸不认人了? 如果股权激励的条件达成了,公司却不履行承诺,那该怎么办呢?

首先要明确一个问题,那就是如果你的股权激励条件达成了,公司可能会不履行哪些承诺? 其实,关于公司不履行承诺的情况可以分为两类:第一,公司承诺给予你股权,可实际上并没有授予你股权;第二,公司虽然授予了股权,但不分配股权带来的收益,如图8-6-1所示。

图 8-6-1　公司不履行承诺的两类情形

○老板授予期权却不同意员工行权,该怎么办

如果老板决定以期权的模式对员工进行股权激励,但是经过等待期之后,当员工想要购买公司股权的时候,老板却不兑现承诺,不同意或者始终拖延将公司股权出售给员工,这个时候该怎么办呢?

前文里提到股权激励模式中的期权属于一种购买股权的权利。当老板授予你期权后,实际上你并没有成为公司真正的股东,不享有任何股东权利。如果老板没有履行承诺,那么他仅仅违反了股权激励合同中的约定,这时员工可以拿着股权激励合同去法院起诉,要求老板允许行权,把约定的股权出售给员工。

○如果老板授予限制性股权却不为员工解锁,该怎么办

如果老板授予员工限制性股权,那么经过一段解锁期之后,在员工达到解锁条件后老板仍不兑现承诺,不同意给员工手中的限制性股权进行解锁,该怎么办呢?

首先,需要看一看老板授予员工的限制性股权的本质是什么。如果这些股权虽名为限制性股权,但实质上是受到一定限制的虚拟股权,那么员工并不是公司真正的股东,无法行使任何股东权利,只能拿着股权激励合同去法院起诉。如果老板授予员工的限制性股权是实股,那么从员工获得限制性股权的那一刻起,员工就拥有股东身份,享有股东权利。如果老板不兑现承诺,不解锁股权,员工可以拿着股权激励合同去法院起诉,还可以请求行使相应的股东权利。

○股权代持过程中老板不同意员工显名,该怎么办

如果老板以股权代持的形式对你进行股权激励,当你想要显名,成为公司股东时,老板却不兑现承诺,不愿意让你显名,又该怎么办呢?

这时候就要看公司的其他股东是否知道股权代持这回事。如

果其他股东已经知晓股权代持这个事实,股东会也就该事项做出了决议,表示对股权代持一事予以认可,那么你就可以拿着股权代持协议与股东会决议,直接去法院起诉,要求显名。但是,如果其他股东压根不知道股权代持这回事,要求显名就有些麻烦了。因为这相当于一个新股东加入有限责任公司,如果其他股东半数以上不同意,或是其他股东主张行使优先购买权,你是没有办法显名的。这种情况下你的股权就要不回来了。你可以拿着股权代持协议去法院起诉,要求代持人按代持协议的约定对你赔偿。

○ 老板不给予员工股权激励的收益,该怎么办

老板不兑现承诺,不给予股权激励产生的收益,应该如何应对呢?

对于股权激励的收益,首先需要明确它的性质。换句话说,这些收益到底是基于股权激励合同,还是基于公司法与公司章程?这就需要区分老板授予员工的股权,到底是虚拟股权还是公司的实股。如果老板授予员工的是虚拟股权,那么老板给予员工的股权激励收益,只是基于股权激励合同;倘若老板不兑现承诺,仅仅是违反了股权激励合同,那么我们只能依据民法典对其进行限制约束。通过诉讼的方式,请求法院判决,要求企业与老板履行相关

协议约定,给予激励对象相应的经济收益。

相反,如果老板授予员工公司实股,股权激励收益不仅基于股权激励合同,还基于公司法与公司章程,我们可以在合同法与公司法的范畴内同时请求对其进行限制约束。我们不仅可以拿着股权激励合同去法院起诉,还可以行使股东权利,要求老板分配经济收益。

当然,除非有明文约定具体分配机制,否则一般关于公司股东内部的分红,法院原则上是不受理的,因为这属于公司的"家事"。

7

股权激励中,赠与合同是假, 转让是真,相关风险请警惕

股权激励一般都需要激励对象实际出资购买股权,但是在实务中也存在免费送出股权的情况。当老板提出免费送给你激励股权时,你是不是觉得天上掉馅饼的好事落在头上了? 其实,当员工签署一份股权赠与合同时,背后存在很多法律风险。遇到这样的情况,还是要慎重考虑。

○什么是股权赠与合同

赠与合同是赠与人将自己的财产无偿给予受赠人,受赠人表示接受赠与的合同。那股权激励中的股权赠与合同如何理解呢? 公司在授予员工激励股权时,不要求你支付任何资金、费用,白拿股权,这时签订的合同就是股权赠与合同。

一般来说,激励对象都需要购买股权。所以在赠与合同中,老板肯定会跟你谈更多的条件。比如,送给你股权的前提是,你一定要在公司干满5年,你必须达到公司最高考核要求,你需要为公司带来500万元的年创收,等等。一般最终赠与前往往会设置种种条件,从法律概念上来看,这也是附义务的赠与,受赠人(激励对象)按照约定履行义务后才能接受赠与。

○ 老板会和什么人签订股权赠与合同

股权激励中若采用股权赠与,则仅限于一般的非上市公司。而上市公司股权激励计划涉及公众股东的利益,所以证监会出台了《上市公司股权激励管理办法》等法律文件,对激励对象在获授股权时的相应对价均做了最低价格的限制,更不要提赠与了。

那老板一般会和什么人签订股权赠与合同呢?股权赠与并不多见,老板一般会认为送出去的股权不会被激励对象珍惜,只有支付对价才能实现有效激励。当然也存在个别情况,比如针对一些高精尖的稀缺人才、高级管理人才、掌握核心技术的人才、被列入"千人计划"的海归等。由于这些人才的稀缺性及难以替代性,公司为了留住他们,很有可能会进行股权赠与,在实现激励目的的同时,也加入了特殊的福利。

签订股权赠与合同的最大好处就是不用花钱就能得到股权，成为公司股东。需要注意，在遇到好事时，务必擦亮眼睛，看清楚这到底是馅饼还是陷阱。

○ 签订股权赠与合同有哪些风险

在签订股权赠与合同时存在的最大风险就是，股权可能会被老板收回。有人问，都送给我了难道还能被收回去吗？我国合同法规定，除了具有救灾、扶贫等社会公益、道德义务性质的赠与合同或者经过公证的赠与合同外，在赠与财产的权利发生转移之前可以撤销赠与。也就是说，在赠与人还没有把东西实际交付到你手上的时候，他是可以单方撤销赠与合同的。同样，在股权激励中，老板决定把股权送给你，你们也签了股权赠与合同，但是老板并没有把你的名字载于公司的股东名册，或者没有办理工商变更登记手续，在这种情况下，你的老板是可以单方面撤销股权赠与合同的。

有人会问，赠送的股权是不是一定会被老板撤销呢？非也。

有这样一个实例：甲是一个很有能力的人，一家公司的三个股东看中了他的才华，邀请他到公司来任职，当时还签了一份股权赠与合同，约定只要甲在公司勤勤恳恳工作，能顺利地帮公司 IPO 上市,三个股东将分别拿出自己的股份合计15万股送给他。甲确实很有能力,加上公司自身发展也好,后来真的上市了,其中两位股东兑现了当初的承诺,把股份送给了甲,但是有一名股东不认了,表示当初签的是股权赠与合同,现在我的股权还没有转让,我有权撤销赠与。甲不甘心,辛辛苦苦帮助公司成功上市,结果连奖励都拿不到手,就起诉至法院,最后法院支持了甲。法院认为该公司对甲的这个股权赠与和单纯的赠与不同,甲为获得该股权需要付出巨大的劳动,还要经过重重考核,所以这个协议名为股权赠与合同,实为股权激励合同。

换句话说,股权赠与合同并不是老板想撤销就能撤销的。当然,若是不提前做好准备,也不是每个人都有甲这样的好运气。

○ 如何预防风险发生

对于股权赠与合同被撤销的风险,我们应该如何预防呢?

第一,在和老板签订股权激励合同时,你要注意这个合同的名称,里面最好不要出现"赠与""赠送"这样的字眼。而且股权的对价不要约定为0元,你可以约定以较低价格来购买激励股权。在合同中最好能明确地出现"转让""有偿"等字眼。这样法院在给合同定性的时候,就会倾向于认定这是股权转让合同,而不是赠与合同,从而避免了被撤销的可能。

第二,如果老板一定要和员工签赠与合同,那么员工可以在合同中突出自己需要作出的贡献,或者需要履行的义务,比如清楚地显示出员工必须通过公司绩效考核为公司创造的利润份额,在工作岗位上要做出的具体成绩,等等。因为,这其实就是老板或者公司转让给员工股权的对价,是你用于购买公司股权出具的人力成本。

第三,法律对于赠与合同的撤销亦有例外的规定,如经过公证的合同是不能撤销的。所以员工可以和老板提出,对这份赠与合同进行公证,以避免其被撤销。

第四,你要争取尽早达成约定的条件,这样就算是完成了"出资义务",而且最好能尽快将自己的名字落实于股东名册中。如果已经记载于股东名册,那么老板想撤销也难了。

第五,如果最终产生争议起诉至法院,那你必须要提前准备好证据,把公司对员工的绩效考核,你为公司做的贡献,当初和老板约定时的相关记录如协议、电子邮件、短信、微信等保存好,以此来证明自己的付出与你获得的股权是有对应价值的。特别是做的事情是否达到当初约定的标准,如当初签合同时约定必须在公司干满5年,那你就要把你的劳动合同保存好,还有员工在公司工作5

年的证据留好。

股权激励，不是企业实际控制人忽悠员工、忽悠合作伙伴、节约人力成本、节约现金流的西洋镜，而是一把"众志成城、共克时艰、共创共享共赢"的连心锁。

附　录

相关文书

附录一 ××有限公司股权期权激励计划

第一章 释义

除非另有说明,以下简称在下文中做如下释义:

1. 公司:指××有限公司。

2. 股权激励:指××有限公司授予激励对象在未来一定期限内以预先确定的价格和条件受让××有限公司一定份额股权的权利。

3. 激励对象:指依照本股权激励计划有权获得标的股权的人员,包括公司高级管理人员和其他核心员工。

4. 标的股权:指根据本股权激励计划拟授予激励对象的××有限公司的股权。

5. 行权价格:指××有限公司向激励对象授予期权时所确定的受让公司股权的价格。

☞小贴士

如果公司股权激励计划中含有"释义"一章,对其内容,我们应当予以高度重视。因为"释义"部分会就本次股权激励计划中的一些容易引起争议的词语进行解释,其中不乏股权激励的重要内容,例如示例中就隐含对本次股权激励的模式、激励对象的资格的确定。

第二章　本股权激励计划的目的

公司制订、实施本股权激励计划的主要目的是完善公司激励机制,进一步提高员工的积极性、创造性,促进公司业绩持续增长,在提升公司价值的同时为员工带来增值利益,实现员工与公司的共同发展。

☞小贴士

激励计划的目的可不是空话。《民法典》第五百六十三条规定,当事人一方迟延履行债务或者有其他违约行为致使不能实现合同目的,当事人可以解除合同。由此可知,激励对象或公司的违约行为导致激励计划所记载的激励目的不能实现,理论上守约方是可以据此提出解除计划的。

第三章　本股权激励计划的管理机构

公司股东会作为公司的最高权力机构,负责审议批准本股权激励计划的实施、变更和终止。公司监事负责本股权激励计划的监督工作,负责核实激励对象名单,并对本股权激励计划的实施是否符合相关法律法规及《公司章程》进行监督。

☞小贴士

实际参与股权激励管理的往往不止股东会与监事会。通常来讲,董事会或其下的薪酬与考核管理委员会是常见的股权激励管理机构,而考虑到激励对象绝大多数为公司员工,因此,公司工会也会参与方案的制订与管理。

第四章 本股权激励计划的激励对象

一、激励对象的依据

本激励计划的激励对象包括公司高级管理人员、经营管理骨干人员及公司认定的核心业务人员、财务人员等。激励对象需在公司全职工作,已与公司签署劳动合同,并在公司领取薪酬。

☞小贴士

示例约定了激励对象必须为公司的高管、骨干等重要员工。如果激励对象为公司外部聘用人员,未与公司建立全职劳动关系,那么理论上不能作为激励对象。因此,我们对确立激励对象的依据条款要予以充分关注。

二、激励对象的范围

本激励计划涉及的激励对象包括公司××部经理、××经理、××经理以及公司股东认为需要激励的其他人员共计_____人,但不包括公司的董事、监事。下列激励对象名单已由公司董事会审定,公司监事核查:

序号	姓名	身份证号	职务

☞小贴士

不是所有的激励计划或方案都会列明激励对象的范围与具体信息,大多数的激励计划类似于公司的管理制度,只有规则性质的约定条款,没有激励对象的具体信息。这就需要激励对象同公司签订具体的授予协议以保障自身的权利。

三、不能成为激励对象的情况

具有《中华人民共和国公司法》规定的不得担任董事、监事、高级管理人员情形的,或者其他违反法律法规及公司《员工手册》的,或者公司股东会决定不能成为激励对象情形的。

如果在激励计划实施过程中,激励对象出现不能成为激励对象情形的,公司将终止其参与本计划的权利,收回已授予股权期权,尚未被授予的股权期权自动失效。

☞小贴士

示例约定了不能成为激励对象的情况,以及如果出现这种情况时应该如何处理。在实务中大量公司在进行股权激励时,会引用违反公司《员工手册》及其他规章制度作为当选激励对象的消极条件,并且约定相对严苛的处理条款。因此,应重点审查不能成为激励对象的具体内容,尤其是要查阅《员工手册》或其他规章制度的内容,同时在出现这些情况时争取保护自身利益。

第五章 本股权激励计划的具体内容

一、股权期权激励计划的股权来源为股东×××让渡公司____%的股权。

二、本次股权激励计划的持股平台为×××投资管理合伙企业(有限合伙)(以下简称"×××有限合伙")。

三、股权期权的股权数量及分配

1. 股权期权的股权数量

本次股权激励计划,公司授予激励对象_____份股权期权,占本激励计划签署时公司股权的_____%,全部让渡于×××有限合伙,占×××有限合伙股权的100%;本次股权激励×××有限合伙出让_____%的股权,剩余_____%为×××持有。

2. 股权期权的分配情况

本股权激励计划的具体分配情况如下表所示,持股平台比例为×××有限合伙中显示的股权比例,期权比例为公司让渡的____%用于激励对象获得实际比例:

序号	姓名	持股平台比例	期权比例

☞小贴士

示例中,约定了本次股权激励计划中的每一名激励对象的股权数量,以及本次股权激励的路径为建立合伙企业持股平台以确保激励对象间接持股。对于股权激励数量的相关条款,激励对象首先应重点核实股权激励的路径,究竟是激励对象直接持股,还是通过持股平台间接持股,抑或是通过其他方式持股;其次,应核实自身持股数量,以及在持股平台持有的比例是否准确并对应。如果条款中对股权数量和路径的约定与前期沟通情况存在不一致,应予以高度重视并及时向公司反映。

四、股权期权行权价格

股权期权的行权方式为有偿,行权价格为_____万元,股权价款分_____期支付,每期_____万元,支付方式为现金支付。

☞小贴士

示例中,约定了本次股权激励的支付价格、支付方式。在实务中,因为激励对象的支付能力往往有限,部分公司同意激励对象通过分期付款的方式进行。激励对象应重点核实股权激励的支付价格、支付方式、支付时间点是否与前期沟通情况一致。

五、本股权期权激励计划的有效期、授权日、等待期、可行权日

1. 有效期:本次股权期权激励计划的有效期为_____年,自首次授权日起计算。

2. 授权日:指公司授予员工本激励计划约定的权利的日期,本激励计划需薪酬与考核委员会报由公司股东会批准后生效。授权日由股东会确定。自公司股东会审议通过本激励计划之日起30日内,公司将按有关规定对激励对象进行首次授权,并完成登记、公告等相关程序。

3. 等待期:指股权期权激励模式从授权日至可行权日的时段,

是可行权条件满足的时期。

4. 可行权日：指可行权条件满足，激励对象具有从公司取得本激励计划约定的权利的日期。行权日指激励对象根据本计划选择购买股权的当日。

☞小贴士

示例中约定了与本次股权激励相关的时间节点。而这些时间节点与激励对象的权益息息相关，如果不加以注意，不仅可能因错过行权日而错失股权激励收益，还可能因违反锁定期、禁售期等而承担违约责任。只要是与时间相关的条款，激励对象都应保持高度警惕并核查。

六、股权期权的行权安排

1. 行权条件

激励对象行使已获授的股权期权必须同时满足如下条件：与公司保持劳动关系或于授权日确定相等的合作关系；绩效考核标准按照公司每年制定的总体目标与个人考核目标确定，根据《×××有限公司事业部目标责任书》，在行权的前一年度激励对象的绩效考核达到合格以上。个人与公司考核目标的权重比例为8:2。公司以年度净利润作为业绩考核指标。设定的每年业绩目标为:年度净利润增长率不低于_____%。

2. 行权安排

自股权期权首次授权日起_____个月后,满足行权条件的,激励对象分三期申请行权。行权安排如下表所示:

行权期	行权时间				行权比例
第一个行权期	满一年(	年	月	日)	%
第二个行权期	满二年(	年	月	日)	%
第三个行权期	满三年(	年	月	日)	%

在行权期内,若达到行权条件,激励对象可对相应比例的股权期权行权;若未达到行权的标准,则每个周期按照行权比例的_____%行权,剩余未得行权的比例按照每个周期的标准归入下一周期。各行权期内,符合行权条件但未在各行权期内全部行权的,则未行权的部分期权由公司注销。每一期行权数量=当期股权可行权数量×公司业绩目标系数。

☞小贴士

示例中约定了行权条件与行权安排。其中,行权条件中约定"个人考核+公司考核"相结合的方式,两者权重比为8:2;而在行权安排中,示例中约定了三个行权期,每到一个行权期,可以按相应的比例行权。

行权条款是关系激励对象能否获取股权激励权益的最直接的条款之一。简而言之，这项条款就是解决两个问题：激励对象达到什么条件可以获取收益？激励对象达到这些条件后怎样获取收益？因此，激励对象在核查这类条款时，首先要对行权条件进行重点核查，包括公司考核标准以及个人考核标准；其次，要对行权安排中的行权时间以及每一次行权的比例进行核查。如有异议，应及时向公司反映。

第六章　本股权激励计划实施程序

一、实施激励计划的程序

公司拟定本激励计划草案，并提交股东会审议；监事核实激励对象名单；股东会审议通过本激励计划草案；股东会审议本激励计划，监事应当就激励对象名单核实情况在股东会上进行说明；组建薪酬与考核委员会执行本计划；股东会批准本激励计划后即可实施。薪酬与考核委员会根据股东会的授权办理具体的股权期权授予、行权等事宜。

二、授予股权期权的程序

1. 薪酬与考核委员会负责拟订股权期权授予方案。

2. 股东会审议批准薪酬与考核委员会拟订的股权期权授予

方案。

3. 监事核查激励对象名单是否与股东会批准的激励计划中的激励对象相符。

4. 本计划经股东会审议通过,公司按相关规定确定授权日,授予条件满足后,对激励对象进行授予,完成登记、公告等相关程序。

三、股权期权行权程序

激励对象在可行权日向公司提交《股权期权行权申请书》,提出行权申请;薪酬与考核委员会对申请人的行权资格与行权条件审查确认;激励对象的行权申请经股东会确认后,办理登记、结算事宜。

☞小贴士

示例中约定了行权程序,必须要在可行权日向公司提交《股权期权行权申请书》,方可启动行权程序。因此,激励对象要核查并熟悉行权程序相关条款,避免因错过行权日或没有按照规定程序申请行权,而错过股权激励收益的情况。

第七章　公司与激励对象各自的权利和义务

一、公司的权利与义务

1. 公司有权要求激励对象按其所聘岗位的要求以及相关业务

的要求为公司工作,若激励对象不能胜任工作岗位或者考核不合格,经公司股东会批准,可以取消激励对象尚未行权的股权期权。

2．若激励对象因触犯法律、违反职业道德、泄露公司机密、失职或渎职等行为严重损害公司利益或声誉,经公司股东会批准,可以取消激励对象尚未行权的股权期权。

3．公司根据国家税收规定代扣代缴激励对象应缴纳的个人所得税及其他税费。

4．公司应保证激励对象按国家及公司相关规定进行利润分配,公司提取利润的_____%用于分红,除按规定缴纳各项税金及提取法定基金、费用外,不得另行提取其他费用。

二、激励对象的权利与义务

1．激励对象应当按公司所聘岗位的要求以及相关业务的要求,勤勉尽责、恪守职业道德,为公司的发展做出相应贡献。

2．激励对象有权且应当按照本激励计划的规定行使权利。

3．激励对象因本激励计划获得的收益应按法律规定缴纳个人所得税等税费。

4．激励对象应按《×××有限公司事业部目标责任书》规定,与公司共同完成公司每年制定的总体目标及个人的考核目标。

☞小贴士

示例中约定了公司与激励对象的权利和义务。一般来说,要关注股权激励的九大要素(目的、模式、数量、价格、对象、来源、时间、条件、机制)。只要仔细核查上述九大要素,基本能够掌握本次股权激励的整体情况。关于权利与义务的条款,一般来说会对上述九大要素进一步进行强调与明确,同时还会约定九大要素以外的内容(例如示例中约定了双方要按照相关法律规定缴纳税款)。激励对象也应对其他内容予以重视并仔细核查。

第八章　本股权激励计划的终止、回购

一、终止情形

1. 公司有证据证明激励对象有以下情形时,经公司股东会批准,在情形发生之日,对激励对象已获准行权但尚未行使的股权期权终止行权,其未获准行权的股权期权作废,对已行权的股权期权按本章回购条款执行:

(1)因犯罪行为被依法追究刑事责任的;

(2)激励对象严重违反公司规章制度而被公司解除劳动合同或合作关系的;

(3)激励对象履行职务时故意损害公司利益而被公司解除劳

动或合作关系的；

（4）激励对象因触犯法律、违反职业道德、泄露公司机密、失职或渎职等行为严重损害公司利益或声誉而被公司解除劳动合同或解除合作关系的；

（5）激励对象单方面提出终止或解除与公司订立的劳动合同或合作协议的；

（6）具有《中华人民共和国公司法》规定的董事、监事、高级管理人员的禁止行为的；

（7）根据第四章不能成为激励对象的规定，不能成为激励对象的；

（8）股东会认定的其他情况。

2. 当激励对象有以下情形时，经公司股东会批准，在情形发生之日，对激励对象已获准行权但尚未行使的股权期权当日完成行权，其未获准行权的股权期权作废：

（1）公司单方面终止或解除与激励对象订立的劳动合同的；

（2）激励对象劳动合同期满，公司不再与其续签劳动合同的。

3. 激励对象职务发生变更，但仍为公司的董事（独立董事、监事除外）、高级管理人员或核心技术人员，或者被公司委派到公司的子公司任职，已获授的股权期权不做变更，本章另有规定的除外。

4. 当激励对象有以下情形时,在情形发生之日,对激励对象已获准行权但尚未行使的股权期权继续保留行权权利,并在15天内完成行权,其未获准行权的期权作废:

(1)激励对象因执行职务负伤而丧失劳动能力的;

(2)到法定年龄退休且退休后不继续在公司任职的;

(3)股东会认定的其他情况。

5. 激励对象死亡的,自死亡之日起所有未行权的股权期权即被取消。但激励对象因执行职务死亡的,公司股东会可以参考激励对象被取消的股权价值的一定比例对激励对象进行合理补偿,补偿可依法由其继承人继承。

6. 股东会认定的特殊贡献者,经股东会同意其在提前离职后可以继续享有股权期权,但公司有足够证据证明股权期权的持有人在离职后尚未行权前,由于其行为给公司造成损失的,或虽未给公司造成损失,但加入与公司有竞争性的公司的,公司有权中止直至取消其期权。

7. 公司发生重大事项的(包括但不限于并购、重组、改制、分立、合并、注册资本增减,原让渡股东丧失控制人地位等情形),经公司薪酬与考核委员会提交股东会表决通过终止实施激励计划,激励对象根据激励计划尚未行使的股票期权应当终止行权,已行权的部分由回购主体回购,股东会另有决议的除外。

8. 其他需终止的情形由股东会认定,并确定相关处理方式。

☞小贴士

示例中约定了大量股权激励终止的情形,统称为退出情形条款。尽管条款内容很多,但我们经过仔细审查后,可以梳理为以下几类:

第一,激励对象存在过错情形,包括激励对象受到刑事处罚、激励对象因违反公司规章制度而被辞退、违反公司法或劳动合同,等等;

第二,激励对象不存在过错情形,包括激励对象因执行公务而受伤,激励对象退休,激励对象发生意外而死亡;

第三,其他特殊情形,包括公司发生重大事项,例如并购、重组、改制、分立、合并、注册资本增减,原让渡股东丧失控制人地位,以及股东会认定的其他情况。

对上述退出情形进行梳理、分析,将有助于我们快速熟悉并掌握到底哪些情况可能会触发退出回购机制。

二、回购条款

1. 回购主体：公司原让渡股东或其指定的第三方进行回购，签署法律文本，回购价款由回购股东承担。

2. 回购情形：有本章约定的终止情形之一的，回购主体应当回购激励对象已行权的股权期权或限制性股权。

3. 回购时间：有本章约定的终止情形之一的，经股东会批准在情形发生之日起30天内回购；股东会认定的有特殊贡献者，经股东会批准可以延长回购时间，具体事宜另行规定。

4. 回购价格：回购价格＝公司财务出具的上一年度每股净资产金额×激励对象持有公司的股权比例。但有本章约定的终止情形中的第1部分的，即激励对象存在过错情形的，回购价格为激励对象行权时所支付的价格。

☞小贴士

示例中约定了当触发退出回购机制时，应该由谁回购、什么时候进行回购、回购价格是多少等。关于回购条款，激励对象可从以下几方面核查：

第一，回购要素是否齐全。回购要素齐全指的是在回购中要明确回购主体、回购时间、回购价格等基本信息。如果这些回购要素不齐全,那么在回购过程中很容易引发争议。例如,笔者曾经看到一家公司的回购条款为"发生回购情形时,可按照激励对象购买股权的原价予以回购",而这家公司的业绩并不如意,当发生回购情形时,公司老板不愿意出钱回购激励对象持有的股权,其他股东也不愿意履行回购义务,导致激励对象难以将股权套现。这就是在回购条款中没有约定"回购主体"这一要素而引起的。

第二,回购情形是否对应。股权激励计划所列明的全部退出回购情形,是否都有相应的回购主体、回购时间、回购价格等。如果发生不对应的情形(例如退出情形里约定了激励对象死亡时应当予以回购,但回购条款中没有约定激励对象死亡时回购其股权的价格),就要予以高度重视,并及时向公司反映。

第三,回购价格是否合理。因为回购价格直接关系到激励对象的套现问题,所以我们还需要核查条款中约定的回购价格是否合理。例如,如果退出情形属于"激励对象并没有过错",而回购价格非常低,那么对激励对象来说是不公平的。

第九章　违约责任

若任何一方违反或未能即时履行本计划下的任何义务、陈述与保证,均构成违约。如给其他方造成损失的,应就其损失向守约方承担赔偿责任,包括守约方的直接损失、间接损失,以及因主张权利而发生的费用(包括但不限于守约方所支出的诉讼费、律师费等)。

☞**小贴士**

示例中约定双方违反本计划时应当承担的责任。实际上,部分违约责任会分布在其他条款内,并不完全集中于此处,激励对象在核查时应保持高度警惕。

第十章　保密条款

本计划各方均应就本计划的签订和履行而知悉的公司及其他方的保密信息,向相关方履行保密义务。在没有得到本计划相关方的书面同意之前,各方不得向任何第三人披露前述保密信息,并不得将其用于虚拟股权激励以外的目的。本条款的规定在激励对象退出后、本协议终止或解除后继续有效。

第十一章　适用法律及争议解决

本计划适用中华人民共和国法律,并根据中华人民共和国法律进行解释。如果本计划各方因本计划的签订或执行发生争议,应通过友好协商的方式解决;协商未能达成一致的,任何一方均可向公司所在地的人民法院提起诉讼。

☞小贴士

示例中约定,双方发生争议,在无法协商解决的情况下,应通过向公司所在地的人民法院提起诉讼的方式解决。在实务中,如果股权激励的双方约定了要到公司所在地的人民法院起诉,那么一般就不能到其他法院起诉,因为对于激励对象来说,这会增加相应的经济与时间成本。对此,激励对象也要加以考虑。

第十二章　附则

1. 本计划的附件是本计划不可分割的组成部分,与本计划的其他条款具有同等法律效力。

2. 如果本计划的任何条款因任何原因被判定为无效或不可执行,并不影响本计划中其他条款的效力。

3. 本计划经股东会审议通过后生效,本计划由公司董事会负责解释。

附录二　××有限公司股权期权激励协议

☞小贴士

一般来说,《股权激励协议》是附属于《股权激励计划》之下的。如果说《股权激励计划》是股权激励的纲领性文件,那么《股权激励协议》就是规范股权激励双方具体的权利与义务的文本。激励对象在理解两者之间的关联性后,就更能理解为什么《股权激励协议》会大量引用《股权激励计划》的内容,这也要求我们要更加重视核查《股权激励计划》。

甲方:××有限公司

乙方:＿＿＿＿＿身份证号码:＿＿＿＿＿＿＿＿＿＿＿＿＿

为了进一步提高员工的积极性、创造性,促进公司业绩持续增长,在提升甲方××有限公司(以下简称"公司")价值的同时为乙方带来增值利益,实现双方共同发展,特签订如下协议:

第一条　本期权协议由公司股东会批准,公司设薪酬与考核委员会执行管理,由公司监事负责监督、核实。基于乙方的突出贡献,依据《××有限公司股权期权激励计划》(以下简称"《股权激励计划》"），公司授予乙方占本协议签署时公司股权_____％的股权期权。

第二条　行权条件与行权价格

乙方行使已获授的股权期权必须满足《股权激励计划》所规定的条件。依据《股权激励计划》，股权期权的行权价格为_____元，股权价款分_____期支付，具体行权价格和安排以《股权激励计划》的规定为准。

第三条　本股权期权协议有效期为_____年，自股权激励首次授权日起计算。

☞小贴士

对于协议中所约定的相关数量、价格与期限，激励对象需要核实是否与公司所承诺的一致。

第四条　甲方的权利与义务

1. 甲方有权要求乙方按其所聘岗位的要求以及相关业务的要求为公司工作，若乙方不能胜任所聘工作岗位或者考核不合格，经公司股东会批准，可以取消乙方尚未行权的股权期权；

2. 若乙方因触犯法律、失职或渎职等行为严重损害公司利益或声誉，经公司股东会批准，可以取消乙方尚未行权的股权期权；

3. 甲方有权依法代扣代缴乙方应缴纳的个人所得税及其他税费;

4. 甲方不得为乙方依本协议获取有关权益提供贷款或其他任何形式的财务资助,包括为其贷款提供担保;

5. 甲方应当根据《股权激励计划》及有关规定,在乙方满足行权条件后积极配合其按规定行权;

6. 公司应保证激励对象按国家及公司相关规定进行利润分配,公司提取利润的_____%用于分红,除按规定缴纳各项税金,提取法定基金、费用后,不得另行提取其他费用。

第五条　乙方的权利与义务

1. 乙方应当按公司所聘岗位的要求以及相关业务的要求为公司做出贡献;

2. 乙方有权且应当按照本协议及《股权激励计划》的规定行使权利;

3. 乙方获授的股权期权不得转让,或用于担保,或偿还债务;

4. 乙方享有已行权部分股权期权的分红权;

5. 乙方因本协议获得的收益应依法缴纳个人所得税等相关税费;

6. 乙方应按《股权激励计划》的规定,完成公司每年制定的总体目标及个人的考核目标。

☞小贴士

相较于《股权激励计划》,《股权激励协议》更倾向于规范股权激励双方具体的权利与义务。因此,《股权激励协议》中双方的权利与义务条款会比《股权激励计划》中的更重要,相关内容也会增加。我们在核查权利与义务条款时,应与《股权激励计划》中的权利与义务做对比,对于增加的内容尤其要注意。

第六条　股权转让的限制

乙方的股权转让根据《股权激励计划》相关规定受到相应的限制,相关限制规则同样适用于通过持股平台的模式转让股权,但《股权激励计划》中有关激励股权的回购条款另有约定的从其约定。

第七条　协议的变更、终止、回购

本协议依据《股权激励计划》的变更而变更,依其终止而终止。本协议终止后乙方所获股权由回购主体依照《股权激励计划》所规定的回购方式进行回购。

第八条　违约责任

任何一方违反本协议的约定,而给其他方造成损失的,应就其损失向守约方承担赔偿责任。赔偿责任范围包括守约方的直接损失、间接损失以及因主张权利而发生的费用(包括但不限于守约方所支出的诉讼费、律师费等)。

第九条 保密条款

本协议各方均应就本协议的签订和履行而知悉的公司及其他方的保密信息,向相关方履行保密义务。在没有得到相关方的书面同意之前,不得向任何第三人披露前述保密信息,并不得将其用于股权期权激励以外的目的。本条款的规定在协议终止或解除后继续有效。

第十条 争议解决

如果本协议各方因本协议的签订或执行发生争议,应友好协商解决;协商未能达成一致的,任何一方均可向公司所在地的人民法院提起诉讼。

第十一条 附则

1. 如本协议内容有与《股权激励计划》相矛盾的,以《股权激励计划》中的约定为准;

2. 本协议由公司董事会负责解释;

3. 公司股东会、董事会决议及《员工手册》《××有限公司事业部总监目标责任书》《激励考核方案》《××有限公司股权期权激励计划》等作为本协议的附件,与本协议具有同等法律效力。

☞小贴士

实务中,部分公司为了降低自身的通知责任,会将相关股东会决议、董事会决议、员工手册、考核方案、高管责任书等都作为合同附件,并赋予相应的法律效力。因此,我们要尽可能仔细核查上述文件,发现不利于我们的风险点要注意规避。

4. 本协议一式两份,双方各持一份,两份具有同等法律效力,自双方签字盖章之日起生效。

甲方(盖章):　　　　　乙方(签字):

日期:　　　　　　　　　日期:

附录三 ××合伙企业（有限合伙）合伙协议

各合伙人声明及保证如下：

（1）各合伙人均为具有独立民事行为能力的自然人，并拥有合法的权利或授权签订本协议。作为有限合伙人的自然人因故不具备完全民事行为能力的，其法定代理人有权依法代理该有限合伙人行使其在合伙企业的权利。

（2）各合伙人投入本合伙企业的资金，均为各方所拥有的合法财产，不存在潜在纠纷或第三方权利限制。

（3）各合伙人向本合伙企业提交的文件、资料等均是真实、完整和有效的。

（4）各合伙人保证遵守与××有限公司签署的有关协议或劳动合同，不会在与××有限公司生产或经营同类产品、从事同类或类似业务的有竞争关系的其他企业任职，或直接、间接地存在投资关系，或以任何形式提供服务。

（5）各合伙人保证不利用其合伙人地位做出有损于本合伙企业或×××有限公司利益的行为。各激励对象合伙人一致同意

《×××有限公司股权激励计划》为本协议附件,和本协议具有同等效力。

第一章　总则

第一条　根据《中华人民共和国合伙企业法》(以下简称"《合伙企业法》")及有关法律、行政法规、规章的规定,经协商一致订立本协议。

第二条　本企业为有限合伙企业,是根据协议自愿组成的共同经营体。

第三条　本协议经全体合伙人签名、盖章后生效。合伙人按照合伙协议享有权利,履行义务。

第二章　合伙企业的名称和主要经营场所

第四条　合伙企业名称:××合伙企业(有限合伙)

普通合伙人可根据合伙企业的经营需要独立决定变更合伙企业的名称。普通合伙人应及时将合伙企业名称变更的情况书面通知各合伙人,并依法办理相应的企业变更登记手续。

第五条　企业经营场所:_____

普通合伙人可根据合伙企业的经营需要独立决定变更合伙企业的主要经营场所,或增加新的经营场所。

第三章　合伙目的和合伙经营范围及合伙期限

第六条　合伙目的:本合伙企业为××有限公司的投资人和激励对象员工持股平台,是公司为了激励和留住核心人才,有条件地给予激励对象部分股东权益,使其与公司结成利益共同体,从而实现公司的长期目标。

☞小贴士

如果是公司专门为了股权激励而设立的合伙企业,那么其合伙目的一般如上所示,激励对象应予以重点核实。

第七条　合伙经营范围:投资持有××有限公司的股权。

普通合伙人可根据合伙企业的经营需要独立决定变更合伙企业的经营范围。普通合伙人应及时将合伙企业经营范围变更的情况书面通知各合伙人,并依法办理相应的企业变更登记手续。

第八条　合伙企业自营业执照签发之日起成立,合伙期限为_____年,届时若全体合伙人决议同意,可延长_____年存续期限。

☞小贴士

如果是公司专门为了股权激励而设立的合伙企业,那么其合伙期限一般为长期。如果合伙期限存续时间较短，那么激励对象应高度重视。

第四章　合伙人的姓名或者名称、住所

第九条　合伙人共_____人，包括执行事务合伙人、投资人合伙人，以及员工激励对象合伙人。其中执行事务合伙人1名，为普通合伙人，其余投资人合伙人以及员工激励对象合伙人为有限合伙人，合伙人分别是：

1. 普通合伙人：_____

文书送达地：_____，

证件名称：_____，证件号码：_____；以上普通合伙人为自然人的，具有完全民事行为能力。

2. 有限合伙人：_____

投资人合伙人：_____

姓名：_____，

文书送达地：_____，

证件名称：_____，证件号码：_____。

☞**小贴士**

要重点核实自己的身份信息，以及自己的合伙人性质，究竟是

普通合伙人,还是有限合伙人。

第五章　合伙人的出资方式、数额和缴付期限

第十条　合伙人的出资方式、数额和缴付期限：

1. 普通合伙人：＿＿＿＿＿＿＿

以货币出资＿＿＿＿＿＿万元,以＿＿＿＿＿＿(实物、知识产权、土地使用权、劳务或其他非货币财产权利,根据实际情况选择)作价出资＿＿＿＿＿＿万元,总认缴出资＿＿＿＿＿＿万元,占出资总额的＿＿＿＿＿＿%。

首期实缴出资＿＿＿＿＿＿万元,在申请合伙企业设立登记前缴纳,其余认缴出资在领取营业执照之日起＿＿＿＿＿＿个月内缴足。

2. 有限合伙人：＿＿＿＿＿＿＿

以货币出资,总认缴＿＿＿＿＿＿万元,占出资总额的＿＿＿＿＿＿%。按照股权激励计划有关规定认缴出资额分＿＿＿＿＿＿期缴纳,每期实缴出资为＿＿＿＿＿＿万元,在行权时缴纳。

第六章　利润分配、亏损分担方式

第十一条　合伙企业在计算可分配利润时,应依法扣除合伙企业在设立及存续过程中所产生的费用,以及企业在正常经营中所产生的相关成本、支出及费用。

第十二条　根据《中华人民共和国合伙企业法》(以下简称"《合伙企业法》")及相关法律法规,合伙企业并非企业所得税纳税

主体,各合伙人应自行按相关规定申报缴纳个人所得税。如法律要求合伙企业代扣代缴,则合伙企业将根据法律规定进行代扣代缴。

第十三条　在合伙企业经营期间,除非本协议另有规定或合伙人另有约定,合伙企业扣除相关成本、支出、费用及税负后的净利润,普通合伙人在综合考虑合伙人的利益及符合届时之法律法规和监管规定的基础上,按照各合伙人实际认缴出资比例向全体合伙人分配。

第七章　合伙事务的执行

第十四条　有限合伙企业由普通合伙人执行合伙事务,执行事务合伙人由全体合伙人共同委托产生,并且需要具备以下条件:

(一)充分执行本合伙协议;

(二)对全体合伙人负责;

(三)接受全体合伙人委托,对企业的经营负责;

(四)有限合伙人不执行合伙事务。

经全体合伙人决定,委托_____执行合伙事务,全体合伙人签署本协议即视为其被选定为合伙企业的执行事务合伙人,其他合伙人不再执行合伙事务。

第十五条　合伙人对合伙企业有关事项作出决议,实行合伙人一人一票并经全体合伙人过半数通过的表决办法。

第十六条　除法律、法规、规章和本协议另有规定的以外,决议应经全体合伙人过半数表决通过。合伙企业的下列事项应当经全体合伙人一致同意:

(一)处分合伙企业的不动产;

(二)转让或者处分合伙企业的知识产权和其他财产权利;

(三)以合伙企业名义为他人提供担保;

(四)聘任合伙人以外的人担任合伙企业的经营管理人员;

(五)修改合伙协议内容。

第十七条　普通合伙人不得自营或者同他人合作经营与本有限合伙企业相竞争的业务,有限合伙人可自营或者同他人合作经营与本有限合伙企业相竞争的业务。执行事务合伙人经全体合伙人同意,可增加或者减少对合伙企业的出资。

第十八条　有限合伙人不执行合伙事务,不得对外代表有限合伙企业,有《合伙企业法》第六十八条规定的行为,不视为执行合伙事务;有限合伙人以有限合伙企业名义与他人进行交易,给有限合伙企业或者其他合伙人造成损失的,该有限合伙人承担赔偿责任。

第十九条　执行事务合伙人对外代表企业,拥有《合伙企业法》及本协议所规定的下列权利,对全体合伙人负责:

（一）执行合伙企业的投资及其他业务；

（二）代表合伙企业行使因合伙企业投资而产生的权利；

（三）管理、维持和处置合伙企业的资产；

（四）接纳新的合伙人入伙，同意现有合伙人退伙或追加出资；

（五）采取为维持合伙企业合法存续，以合伙企业身份开展经营活动所必需的一切行动；

（六）为合伙企业的利益决定提起诉讼或应诉、进行仲裁，或与争议方进行协商、和解等，以解决合伙企业所涉争议；

（七）代表合伙企业对外签署文件；

（八）自行决定并由本人或授权代表办理合伙企业的名称、经营场所、经营范围、合伙期限、合伙人变更及其他工商登记事项的工商变更手续。

第二十条　合伙企业的财产使用及处置

（一）为符合本合伙企业目的，除经全体合伙人一致同意之外，动用本合伙企业财产对外投资仅限于购买××实施股权激励的股权。

（二）本合伙企业资产不得用于下列用途：

1. 违反本条第一项规定，购买其他主体的股权/股份或债券；

2. 直接或间接投资于非自用房产等不动产；

3. 向其他主体提供贷款或担保；

4. 法律法规和本协议禁止的其他投资。

合伙企业存续期间，因办公场所的租赁、办公设备的购置、人员和中介机构的聘用，以及日常运营而发生的其他费用和开支，不受前款规定限制，由执行事务合伙人决定其支出事宜。

第八章　入伙与退伙

第二十一条　员工激励对象合伙人作为本合伙企业的合伙人，应遵守股权激励计划所约定的内容以及以下条款：

（一）新入伙的激励对象合伙人应为××或其控制下的子公司的雇员，合伙人应与××签订劳动合同或实际存在劳动合同关系。

（二）如果员工激励对象合伙人达到退休年龄且不再与××签订聘任合同，以其不从事与××相竞争的业务为前提，可继续持有其合伙出资份额。

第二十二条　除非本协议另有规定，××员工通过股权激励计划，可加入本合伙企业，成为本合伙企业的有限合伙人（以下简称"新合伙人"），合伙企业成立后，普通合伙人可独立决定接纳新的有限合伙人入伙。在_____担任合伙企业的普通合伙人期间，除非根据本协议有关规定被更换或者将其合伙权益全部转让给继任的普通合伙人，否则合伙企业不接纳新的普通合伙人入伙。

第二十三条　有《合伙企业法》第四十五条规定情形之一的，合伙人可以退伙：

（一）合伙协议约定的退伙事由出现；

（二）经全体合伙人一致同意；

（三）发生合伙人难以继续参加合伙的事由；

（四）其他合伙人严重违反合伙协议约定的义务。

违反《合伙企业法》第四十五规定的，应赔偿由此给合伙企业造成的损失。

第二十四条　普通合伙人有《合伙企业法》第四十八条规定的情形之一的，可以退伙：

（一）作为合伙人的自然人死亡或者被依法宣告死亡；

（二）个人丧失偿债能力；

（三）作为合伙人的法人或者其他组织依法被吊销营业执照、责令关闭、撤销，或者被宣告破产；

（四）法律规定或者合伙协议约定合伙人必须具有相关资格而丧失该资格；

（五）合伙人在合伙企业中的全部财产份额被人民法院强制执行。

有限合伙人有上述第一项、第三项至第五项所列情形之一的，退伙。普通合伙人被依法认定为无民事行为能力人或者限制民事行为能力人的,经其他合伙人一致同意,可以依法转为有限合伙人;其他合伙人未能一致同意的,该无民事行为能力或者限制民事行为能力的普通合伙人退伙。退伙事由实际发生之日为退伙生效日。

第二十五条　合伙人有《合伙企业法》第四十九条规定的情形之一的,经其他合伙人一致同意,可以决议将其除名:

(一)未履行出资义务;

(二)因故意或者重大过失给合伙企业造成损失;

(三)执行合伙事务时有不正当行为;

(四)发生合伙协议约定的事由。

第二十六条　有限合伙人有下列情形之一的,经普通合伙人同意可将其除名:

(一)未履行出资义务;

(二)因故意或者重大过失给合伙企业造成损失达到10万元以上;

(三)因故意或者重大过失给××或者其下属企业造成损失;

(四)因违法违规或者违反××内部规章制度而被××及其下属企业依法解聘或开除;

(五)不能成为股权激励对象或解除股权激励协议的。

第九章　有限合伙财产份额流转的限制

第二十七条　本协议所述有限合伙财产份额流转包括财产份额转让、财产份额质押和财产份额委托管理等可能导致财产份额持有人在形式上或实质上发生变化的情形。

第二十八条　投资人有限合伙人的退出方式参照投资协议的相关约定。激励对象有限合伙人在约定的服务期限内要求从××及其下属企业离职或者出现股权激励计划所约定的其他同类情形的,有限合伙人应自其离职之日起三十日内,按照其公司财务出具的上一年度每股净资产金额乘以激励对象持有公司的股权比例的计算方法,将其持有的合伙企业份额全部转让给普通合伙人。

第二十九条　非经普通合伙人同意,有限合伙人不得转让其在合伙企业中的财产份额。有限合伙人向合伙人以外的人转让其在合伙企业中的财产份额的,以及有限合伙人之间转让其在合伙企业中的全部或者部分财产份额的,应当经全体普通合伙人同意。

第十章　争议解决办法

第三十条　本协议的订立、有效性、解释和履行适用中华人民共和国法律。

第三十一条　因本协议引起或与本协议有关的任何争议,包括但不限于有关违反本协议、本协议的终止或有效性的任何争议,各方首先应友好协商解决;协商不成的,任何一方均可向合伙企业注册地所在的人民法院起诉。

第十一章　合伙企业的解散与清算

第三十二条　合伙企业有下列情形之一的,应当解散:

(一)合伙期限届满,合伙人决定不再经营;

(二)合伙协议约定的解散事由出现;

(三)全体合伙人决定解散;

(四)合伙人已不具备法定人数满三十天;

(五)合伙协议约定的合伙目的已经实现或者无法实现;

(六)依法被吊销营业执照、责令关闭或者被撤销;

(七)法律、行政法规规定的其他情形。

第三十三条　合伙企业清算办法应当按《合伙企业法》的规定执行。合伙企业解散,应当由清算人进行清算。合伙企业应指定普通合伙人作为清算人,清算人在清算期间执行下列事务:

(一)清理合伙企业财产,分别编制资产负债表和财产清单;

(二)处理与清算有关的合伙企业未了结事务;

(三)清缴所欠税款;

(四)清理债权、债务;

(五)处理合伙企业清偿债务后的剩余财产;

(六)代表合伙企业参加诉讼或者仲裁活动。

第三十四条　清算人自被确定之日起十日内将合伙企业解散事项通知债权人,并于六十日内在报纸上公告。债权人应当自接到通知书之日起三十日内,未接到通知书的自公告之日起四十五日内向清算人申报债权。

第三十五条　清算期间,合伙企业存续,但不得开展与清算无关的经营活动,合伙企业在支付清算费用和职工工资、社会保险费用、法定补偿金,以及缴纳所欠税款、清偿债务后的剩余财产,依照第十一条的规定进行分配。

第三十六条　清算结束后,清算人应当编制清算报告,经全体合伙人签名、盖章后,在十五日内向企业登记机关报送清算报告,申请办理合伙企业注销登记。

第十二章　违约责任

第三十七条　合伙人违反合伙协议的,应当依法承担包括律师费、诉讼费在内的违约责任。

第十三章　其他事项

第三十八条　经全体合伙人协商一致,可以修改或者补充合伙协议。

第三十九条　本协议一式＿＿＿＿＿＿＿份,并加盖合伙企业公章,各方各执一份。本协议未尽事宜,按国家有关规定执行。

全体合伙人签名:

普通合伙人　第一方:_____　　签名:_____

有限合伙人　第二方:_____　　签名:_____

_____年_____月_____日

附录四　　××有限公司股权期权激励对象承诺书

××有限公司：

本人：_____，身份证号：_____。

为了与公司共同发展，为公司的发展贡献自己的力量，根据《××有限公司股权期权激励计划》（以下简称"《股权激励计划》"），本人可能成为公司股权的激励对象。作为参与股权激励的先决条件，本人现自愿授权并承诺如下：

1. 作为激励对象，本人承诺接受《股权激励计划》及其附件的约束，履行激励对象之义务，遵守《股权激励计划》有关股权转让的规定。

2. 在规定时间内，股权期权的认购资金无法到位，视为本人自动放弃股权期权行权机会；本人承诺所有投入公司的资产（包括技术等无形资产）不存在任何类型或性质的抵押、质押、债务或其他形式的第三方权利。

3. 本人承诺将严格执行《股权激励计划》中有关激励计划变更、终止、回购的规定，如发生《股权激励计划》所规定的激励计划终止情形,本人将无条件按照《股权激励计划》有关规定作废未获准行权的股权期权,并协助回购主体回购本人已获股权。

4. 如有违国家法律法规或公司制度的行为被公司开除,本人承诺放弃公司给予的分红权所产生的一切收益。如果已经持有公司股权,则将本人直接或间接持有的公司全部股权无条件返还。

5. 当出现《股权激励计划》规定的不得成为该计划激励对象的情形时,本人同意放弃参与该激励计划的权利,由公司收回已授予的股权,尚未被授予的股权期权自动失效,并且本人不向公司要求任何补偿。

6. 本人承诺无论能否成为公司的股东,对于该过程中所获悉的公司的各类商业秘密,均予以保密,不对外(包括公司其他员工)泄露。

7. 本人与公司签订的股权激励相关协议,均以最新签订的文本为准,自新的股权激励协议签订之日起,之前所签署的激励协议自动终止。

8. 本人保证所持股权期权激励权利不存在出售、相互或向第三方转让、对外担保、质押或设置其他第三方权利等行为,否则,本人愿意由公司无条件无偿收回所授权利。

9. 本人承诺,签署本承诺书属自愿行为,未受到任何胁迫。

10. 本承诺书一经签订不可撤销,经本人签署或盖章后生效。

承诺人:＿＿＿＿＿＿

＿＿＿＿＿年＿＿＿＿＿月＿＿＿＿＿日

☞小贴士

实务中不少公司在进行股权激励时,约定激励对象被开除或出现不符合参加股权激励的情况时,必须将已经授予的股权以及获取的分红收益都无偿返还,甚至还会就部分情形约定高额的违约金。尽管这些约定看上去比较"霸道",但其效力一般是得到法院认可的。因此,为避免相关情况的发生,我们在参与激励计划时应重视相关规则。

附录五　××有限公司员工股权激励行权申请书

编号：_____

依照《××有限公司员工股权期权激励计划》的相关规定，本人申请公司依上述计划的规定实施股权期权激励，申请实施激励股权的份额为_____（对应_____%的期股股权），实施金额为人民币_____万元，本人承诺以现金方式支付上述对价。

特此申请。

申请人签字：_____

身份证号：_____

申请时间：_____年_____月_____日

☞小贴士

在实践当中，部分股权激励的行权与解锁是需要激励对象申请的。如果你所参加的股权激励计划也是这样的，那么你一定要按期及时向公司提交申请书，申请行权和解锁。也有部分公司根据公司统一安排行权和解锁。如果是这种情况，就需要激励对象及时对相关通知进行确认。

附录六　××有限公司员工股权激励确认书(股权期权激励)

编号:_____

经申请人申请,公司股东会考察审核后批准,按照《××有限公司股权期权激励计划》的相关规定,给予公司员工_____(身份证号:_____)股权期权激励,股权期权占公司股本比例_____%,总金额为人民币_____万元。出资方式为:申请人直接支付人民币_____万元。相关事项于_____年_____月_____日办理完成。如在行权期内未全部行权的,则未行权的该部分期权由公司注销。

该实股股权的利润分配权的具体方法按照《××有限公司股权期权激励计划》的相关规定和相关法律法规执行。

特此确认。

确认人:××有限公司(公司盖章)

确认人:_____(员工签字)

时间:_____年_____月_____日

☞小贴士

事实确认书通常有两个作用:一是如示例中对激励对象行权的完成进行确认与反馈,明确激励对象及其享有的相关激励股权的权益;二是在公司统一安排行权和解锁的情况下,就具体行权的比例、数量、价格等同激励对象进行书面确认。无论基于何种作用,相关确认书都有"确权凭证"的意义,因此对于这些文件我们要充分重视。

附录七　股权转让协议

甲方(转让方)：＿＿＿＿＿＿＿＿

联系电话：＿＿＿＿＿＿＿＿

送达地址：＿＿＿＿＿＿＿＿

乙方(受让方)：＿＿＿＿＿＿＿＿

联系电话：＿＿＿＿＿＿＿＿

送达地址：＿＿＿＿＿＿＿＿

丙方(公司)：＿＿＿＿＿＿＿＿

联系电话：＿＿＿＿＿＿＿＿

送达地址：＿＿＿＿＿＿＿＿

第一条　鉴于

为了进一步提高公司核心员工的积极性、创造性,促进公司业绩持续增长,使乙方的行为与公司的战略目标保持一致,公司拟对乙方进行股权激励,股权来源为甲方持有的公司股权。为保证本次股权激励事宜的顺利进行,明确各方的权利与义务,经友好协商,达成如下协议,以共同遵守。

第二条 股权转让数量及价款

1. 甲方将其持有的公司_____%的股权(对应出资额_____万元,以下简称"标的股权")转让给乙方,总价为_____万元,乙方同意以上述总价受让标的股权。

☞小贴士

在明确标的股权时,建议要明确股权比例,还应明确该比例对应的出资额。如果公司在双方进行股权转让时发生增资或减资导致的股权比例变多或变少的情况,就可通过约定该部分股权比例所对应的出资额,来明确该部分股权的具体比例,以避免产生争议。

2. 本次股权转让产生的各项税费,双方应按照相关法律规定各自承担缴纳。

第三条 款项支付及工商办理

1. 乙方应当自本协议签订之日起三十日内(以银行缴款凭证为准)向甲方支付股权转让款。丙方应在乙方向甲方支付股权转让款完毕之日起三十个工作日内,就本次股权转让办理工商变更登记手续。在此期间,各方配合登记事宜。

☞**小贴士**

在约定款项支付和工商变更时,建议约定清楚具体时间:一方面,通过约定付款时间打消公司顾虑;另一方面,约定工商变更办理时间,以保证激励对象可以如约在工商登记中变更显名。

2. 乙方自本次股权转让工商变更登记完成之日起,正式享有股东权利,承担股东义务。

第四条　股东权利和义务

(一)股权锁定

为保证公司经营项目的稳定,乙方承诺除经公司股东会表决通过同意甲方回购乙方持有的全部股权的情形以外,乙方在其持有的标的股权自完成工商登记之日起两年内不得对其所持有的该部分股权向本协议外的任何人以转让、赠与、质押、信托或其他任何方式进行处置或在其上设置第三人权利。

☞**小贴士**

示例中约定了激励对象获得股权后应当承担两年的锁定期,在此期间乙方不得任意处置股权。在实务中,公司为了能够加强与激励对象的关联性,会约定一定的股权锁定期或禁售期,在该期间内不允许激励对象任意处置股权。因此，我们要重点核查这些条款，如果认为锁定期过长，还可以与公司协商。

(二)股权分红

乙方自受让标的股权后，可享受公司当年的利润分配，具体利润分配方式须由公司股东会审议通过。

(三)股权回购

1. 乙方在本协议签署之后若触发《股权激励计划》规定的任一退出回购机制的，甲方或甲方指定人员有权回购乙方全部股权。

2. 回购价格按照《股权激励计划》的规定确定。

3. 甲方可以通过书面通知的方式行使回购权，乙方须在收到通知后三日内配合办理股权回购相关事项，否则视为违约，承担违约责任。

☞小贴士

上述示例中，通过引用《股权激励计划》约定的激励对象触发退出回购机制以及相应的回购价格，来约束激励对象的行为。关于退出回购条款，激励对象应予以重视。

第五条　保密条款

1. 各方保证，对在讨论、签订、执行本合同过程中所获悉的属于公司的且无法自公开渠道获得的文件及资料(包括但不限于商业秘密、公司计划、运营活动、财务信息、技术信息、经营信息及其他商业秘密)予以保密,并妥善保管,未经公司书面同意,不得用作任何与各方合作内容无关的用途,也不得向任何第三方透露或许可第三方使用。

2. 本条款在本协议期满、解除或终止后仍然有效,保密期限为贰年。

☞小贴士

示例中约定了保密责任在本协议解除后仍然有两年有效期。在实务中,公司一般都会要求激励对象对公司商业秘密予以保密,尤其在离职后仍然遵守保密规定。这点需要我们特别注意。

第六条　违约责任

1. 任何一方违反,或拒不履行其在本协议中的约定,即构成违约行为。

2. 除上述约定之外,任何一方违反本协议,致使对方承担任何费用、责任或蒙受任何损失,违约方应就上述费用、责任或损失赔偿守约方,包括但不限于:

(1)守约方实际发生的直接经济损失;

（2）合同履行后，守约方可以获得的预期经济利益等间接损失；

（3）守约方维护其合法权益发生的费用，包括但不限于律师费、差旅费、诉讼费、保全费、鉴定费、公证费、执行费等。

☞ 小贴士

示例中约定了各方在违反本协议时应当承担的违约责任，需要重点核查。

第七条　争议解决条款

1. 因本协议产生或与本协议相关的任何争议，各方首先应争取通过友好协商的方式解决；如无法通过协商解决的，任何一方应向公司所在地的人民法院起诉解决。

2. 除提起诉讼的争议事项或义务之外，本协议各方均应在诉讼期间继续履行本协议规定的其他各项义务。

第八条　附则

1. 未经另一方事先书面同意，任何一方不得变更、修改、解除本协议。

2. 本协议未尽事宜，各方可另行签署书面补充协议或补充条款。补充协议或补充条款是本协议不可分割的部分，与本协议具有同等法律效力。

3. 本协议正本一式三份,各方各执一份,具有同等法律效力。若办理工商登记备案提交的股权转让协议与本协议内容有差异的,以本协议的约定为准。

4. 本协议自各方签字盖章之日起生效。

(以下无正文,为本协议签字盖章部分)

甲方(签字):

　　　　　　　签署日期:_____年_____月_____日

乙方(签字):

　　　　　　　签署日期:_____年_____月_____日

丙方(盖章):

　　　　　　　签署日期:_____年_____月_____日

附录八　股权代持协议

　　甲方（委托方）：

　　乙方（受托方）：

　　鉴于：为进一步提高公司核心员工的积极性，××有限公司（以下简称"公司"）拟向员工进行股权激励。为保证本次股权激励事宜的顺利进行，经友好协商，就甲方委托乙方为持股事宜达成协议如下，以兹共同遵照执行：

　　第一条　协议目的

　　甲方为公司的员工，乙方是公司的在册股东、实际控制人，因为股权激励，乙方为甲方代持相关股权。

　　第二条　委托内容

　　甲方自愿委托乙方作为自己对公司人民币＿＿＿＿＿＿＿万元（大写＿＿＿＿＿＿＿＿＿＿＿）出资（该等出资占公司注册资本的＿＿＿＿＿＿＿%，以下简称"代持股权"）的名义持有人，并代为行使相关股东权利，乙方愿意接受甲方的委托并代为行使该相关股东权利。

☞小贴士

在明确标的股权时,不仅要明确股权比例,还要明确该比例对应的出资额。如果公司在双方进行股权代持的过程中发生增资或减资导致的股权比例变多或变少的情况,就可通过约定该部分股权比例对应的出资额,来明确该部分股权的具体比例,以避免产生争议。

第三条　委托权限

甲方委托乙方代为行使的权利包括:由乙方以自己的名义将受托行使的代持股权作为在公司股东登记名册上具名、在工商机关予以登记、以股东身份参与相应活动、代为收取股息或红利、出席股东会并行使表决权,以及行使公司法与公司章程授予股东的其他权利。

☞小贴士

示例中明确了在股权代持过程中委托方将股权中的哪些权利委托乙方行使。对于公司而言,主要考虑的是激励对象必须将表决权以及以股东身份参与相关活动的权利进行委托;对于激励对象而言,主要考虑代为收取股息或红利的权利委托,并且要确保甲方收取股息或红利后全部转移给激励对象。

第四条　甲方的权利与义务

甲方作为代持股权的实际持有者及上述投资的实际出资者,乙方仅以自身名义代甲方持有该代持股权所形成的股东权益,而对该等出资所形成的股东权益不享有收益权或处置权(包括但不限于股东权益的转让、质押等处置行为)。

第五条　乙方的权利与义务

1. 未经甲方事先书面同意,乙方不得委托第三方持有上述代持股权及其股东权益。

2. 乙方不得对其所持有的代持股权及其所有收益进行转让、处分或设置任何形式的担保,否则需对甲方承担人民币＿＿＿＿万元的赔偿责任,并承担甲方实现该赔偿款的所有费用,包括但不限于诉讼费、律师费、保全费、执行费等。

3. 乙方承诺将其未来所收到的因代持股权产生的全部投资收益(包括现金股息、红利或任何其他收益分配)转交给甲方,并承诺在获得该等投资收益后七日内将该等投资收益划入甲方指定的银行账户。

4. 在甲方拟向公司之股东或股东以外的人转让代持股权时,乙方须对此提供必要的协助及便利。

☞小贴士

示例中明确了乙方的权利与义务。对于激励对象而言,主要考虑的是明确受托方行使股东权利时必须经过激励对象的同意。例如,必须将通过股权所获得的股息或红利全部转移给激励对象;未经激励对象同意,不得将股权转移给其他人;等等。

第六条　委托持股费用

乙方无偿为甲方代持,乙方受甲方之委托代持股权期间,不收取任何报酬。

第七条　违约责任

1. 任何一方违反本协议,致使其他方承担任何费用、责任或蒙受任何损失,违约方应就上述费用、责任或损失赔偿守约方,包括但不限于:

(1)守约方实际发生的直接经济损失;

(2)合同履行后,守约方可以获得的预期经济利益等间接损失;

(3)守约方维护其合法权益发生的费用,包括但不限于律师费、差旅费、诉讼费、保全费、鉴定费、执行费等。

第八条　协议的解除和终止

1. 协议双方可以随时解除本代持股协议，但须提前三十天以书面形式通知对方。除不可归责于解除方的事由外，因解除协议给对方造成损失应负赔偿责任。一方在合同期限内提出解除本合同，乙方应将代持股权转移到甲方名下。

2. 经公司股东会同意，甲方可解除与乙方的代持股协议并签署股权转让协议，并成为公司的记名股东。

第九条　争议的解决

因履行本协议引起的或与本协议有关的任何争议，由双方友好协商解决；如协商不成，双方需向公司所在地的人民法院提起诉讼。

第十条　其他事项

1. 本协议一式两份，协议双方各持一份，具有同等法律效力，本协议的履行须符合公司章程及相关股东协议约定。

2. 本协议自甲、乙双方签署后生效。

甲方：

乙方：

签约时间：＿＿＿＿年＿＿＿＿月＿＿＿＿日

附录九　竞业限制协议

甲方(单位)：

乙方(员工)：

身份证号：

就乙方竞业限制事宜,甲乙双方本着平等、自愿、公平和诚实信用的原则签订本协议。

第一条　定义

1. 竞业限制或竞业禁止:用人单位有条件地要求劳动者不能直接或间接从事与自己存在竞争的业务,具体以本合同约定为准。

2. 甲方公司:包括甲方及其所有分支机构、子公司、办事处和关联单位。

3. 任职期间:乙方与甲方正式签订劳动合同或形成事实劳动合同关系之日开始到双方劳动关系结束(或消灭)为止的期间。如乙方到达退休年龄之后继续为甲方所聘用,则任职期间包括聘用期间,至聘用关系终止之日截止。

4. 个人或组织:包括任何个人、公司、企业、合伙、协会、事业单位、社会团体或组织,即各类形式的个人或组织。

5. 竞争性单位:指与甲方公司生产、经营、从事类似产品或提供类似服务的或对甲方公司业务构成现实或潜在竞争的个人或组织,包括但不限于:

(1)开展下列业务的个人或组织:

_____。

(2)下列公司或与下列公司经营范围存在重合的组织或个人:

_____。

(3)为上述竞争性单位提供支持,例如提供专业咨询或顾问服务的个人或组织。

(4)上述个人或组织的关联企业及机构。

☞小贴士

我们在签订竞业限制协议时,一定要注意协议中所明确的经营单位与个人组织的范围,因为在这些单位入职,将直接触犯竞业限制规约。

6. 竞争性业务:与甲方公司所提供的产品或从事的服务相同或类似的业务。

7. 竞业行为:自己或与其他个人或与组织合作,直接或间接地开展竞争性业务;或为竞争性单位提供服务或劳务,包括但不限于担任竞争性单位的合伙人、董事、监事、股东、管理人员或一般职员、代理人、顾问等。

上述行为之一即竞业行为。此外,本协议可另外对竞业行为作出补充。

8. 乙方关联人,包括但不限于:

(1)乙方近亲属,即配偶、父母、兄弟姐妹、年满十八周岁的子女、配偶的父母、子女的配偶、配偶的兄弟姐妹、兄弟姐妹的配偶;

(2)乙方担任管理人员或合伙人,或直接或间接拥有百分之十及以上权益的机构。

☞小贴士

部分企业在要求员工签订竞业限制协议时,还会要求员工提供自己的亲属名单,以便公司调查与判断员工是否存在竞业限制行为。一般情况下,我们建议相关信息需要向公司如实披露,以免产生更大的违约责任。但在披露信息,尤其是身份证复印件等材料时,出于个人信息保护需要,最好能备注相关用途,以免产生误会与麻烦。

第二条　在职期间的竞业限制

1. 未经甲方事先书面许可,乙方在甲方任职期间,不得产生竞业行为。

2. 除本协议中约定的竞业行为以外,在职期间的下列行为将视为乙方产生竞业行为:

乙方及乙方关联人从竞争性单位处直接或间接获得好处,包括但不限于财产性利益、旅游、消费、宴请,且无正当理由的。

3. 在职期间的竞业限制义务的履行,甲方无须向乙方支付额外补偿。

第三条　离职后的竞业限制

1. 离职后的竞业限制期间内,乙方不得产生竞业行为。

2. 离职后竞业限制期间:自乙方离职之日起 贰 年。但是,甲方仍可通过下列方式之一缩短竞业限制期:

(1)离职之日前(含当日),甲方书面通知乙方缩短直至取消竞业限制义务;

(2)离职后竞业限制期间内,甲方至少提前一个月通知乙方终止竞业限制义务。

如有多次通知,则以最近的一次通知为准。

竞业限制义务到期或终止后,甲方无须支付竞业限制补偿。

甲方无须支付提前终止竞业限制义务的额外补偿。

3. 竞业限制补偿：每月竞业限制补偿金的标准为乙方离职前十二个月内的月平均工资的 <u>百分之三十</u>。

（1）计算月平均工资时，以乙方实发工资收入为准。与股权激励相关的分红、期权、股权等不计算在内。

（2）发放时间：按月发放，最晚不超过下月二十日。例如乙方于二月五日离职，则支付时间不晚于三月二十日。

（3）发放方式：甲方通过乙方领取工资的银行卡（或双方书面确认的其他账户）支付。如因任何原因（包括但不限于储蓄卡被注销、银行系统故障等）未支付成功，不视为逾期未支付，乙方不得以此为由主张不再履行竞业限制义务。此时乙方可以到甲方处领取竞业限制补偿金现金，或书面确认乙方名下的其他收款账户之后甲方再行发放。

☞ **小贴士**

离职后的竞业限制义务的履行需要匹配相应的补偿金，如公司未实际发放相关补偿金，原则上是可以不履行竞业义务的。但是，在如员工故意挂失银行卡且拒不提供新的银行账户以致公司无法支付竞业限制补偿金等情况下，即便公司未支付相关补偿金，

激励对象仍要承担竞业限制义务。

4. 在竞业限制期间具有下列情形之一的,视为乙方违反竞业限制义务:

(1)从竞争性单位处领取任何报酬(包括但不限于以薪酬、报酬、劳务费用、分红等任何名义),或获得旅游、实物、购物卡、消费卡、报销等好处;

(2)在竞争性单位缴纳个人所得税,或社会保险费,或住房公积金;

(3)乙方关联人从竞争性单位处领取任何报酬(包括但不限于以薪酬、报酬、劳务费用、分红、报销、服务费用、购买等任何名义)或获得旅游、实物、购物卡、消费卡、报销等好处,而乙方不能提供合理说明的;

(4)乙方不能按本协议约定向甲方说明当下工作情况或所说明情况与实际情况不符的;

(5)其他违反竞业限制义务情形的。

5. 特别要求:

(1)若甲方提出要求,则乙方应在一周内通过电子邮件或其他书面形式向甲方说明当下的工作单位与工作情况;

(2)乙方如新入职、变换工作单位、自己创业等,应在一周内主动通过电子邮件或其他书面形式向甲方说明当下的工作单位与工作情况；

6. 无论乙方因何种原因从甲方处离职,均不影响本协议约定的竞业限制义务的履行。

7. 特别说明:

有下列情形之一的,甲方可通知乙方暂停支付竞业限制补偿金:

(1)乙方产生竞业行为；

(2)乙方未按本协议要求说明当下工作情况；

(3)甲方有证据证明乙方有违反竞业限制义务的情形。

在上述情形下,乙方仍应履行竞业限制义务。在上述情形消失或乙方证明并未违反竞业限制义务后,甲方应在一个月内补发竞业限制补偿金。

第四条　违约责任

1. 乙方在职期间,如有竞业行为,均视为严重违反规章制度与劳动纪律。甲方有权同时要求乙方承担下列责任:

(1)解除劳动合同,且无须支付任何补偿；

(2)乙方从事竞业行为所获利益应归甲方所有；

(3)赔偿竞业行为给甲方造成的损失；

（4）乙方应向甲方支付违约金,违约金标准为:乙方正常工作状态下十二个月的平均工资的 <u>十倍</u> 。

2. 乙方离职后,未履行双方约定的竞业限制义务的,应向甲方支付违约金。违约金的标准为:双方约定的竞业限制补偿金月标准×双方约定的离职后竞业限制期间的月份数× <u>十倍</u> 。同时,乙方应将甲方在离职后支付的竞业限制补偿金全部返还甲方。

如甲方要求乙方改正违反竞业限制的行为,而乙方收到甲方通知后一个月内仍未改正,继续竞业行为的,则甲方有权再次要求乙方按上款约定承担违约金。

3. 乙方支付的违约金不足以赔偿甲方损失的,还应赔偿甲方损失。甲方损失包括但不限于甲方直接或间接的利润损失、商誉损失、业务机会损失及为制止违约行为所支付的合理费用(律师费、诉讼费、调查费、公证费等)。

4. 本协议约定的违约责任是并列的,甲方可以要求乙方承担全部违约责任,同时,甲方向乙方主张其中的部分违约责任,不视为甲方放弃追究其他违约责任的权利。

第五条　通知

1. 在职期间,就本协议相关事宜,甲方可根据劳动合同或其他文件中乙方提供的地址发出通知。

2. 离职后,甲方可通过下列方式之一通知乙方:

(1)乙方电子邮箱:＿＿＿＿＿＿＿＿＿＿＿＿＿＿＿。

(2)通信地址:＿＿＿＿＿＿＿＿＿＿＿＿＿＿。

(3)手机短信。手机号为:＿＿＿＿＿＿＿＿＿＿＿＿。

无论乙方是否实际查阅或拒收,甲方通过上述方式之一向乙方发出通知时,即视为乙方已经查阅。如乙方联系方式有变更,应立即书面告知甲方。

3. 甲方的送达地址为:甲方办公场所。

4. 双方同意本协议中所确认的联系地址与联系方式作为有效司法送达地址。

第六条　争议解决

双方同意,与本协议有关的一切纠纷,由双方当事人协商解决;协商不成的,任何一方均应向甲方所在地有管辖权的劳动仲裁机构提起劳动仲裁或向人民法院提起诉讼。

第七条　附则

1. 甲乙双方建立的关系性质(劳动关系、劳务关系、劳务派遣关系、聘用关系等)以双方签署的其他协议为准,但无论何种关系性质,本协议一经签署,即产生法律效力。

2. 本协议一式二份,甲、乙双方各执一份,具有同等法律效力。

3. 本协议自双方签署后生效。

签署时间:_____年_____月_____日

甲方(签章):

本人已经详细阅读上述协议,特别是其中的违约责任、违约金条款,并同意履行上述协议。

乙方(签名确认):

附录十　员工保密协议

甲方(企业):

乙方(员工):

合同协议号:_____

乙方因在甲方履行职务,已经(或将要)知悉甲方的商业秘密。为了明确乙方的保密义务,甲、乙双方本着平等、自愿、公平和诚实信用的原则,订立本保密协议。

第一条　保密的内容和范围

1. 甲、乙双方确认,乙方应承担的保守甲方商业秘密的义务范围应严格依照《中华人民共和国反不正当竞争法》的规定确定。商业秘密是指:不为公众所知悉、能为企业带来经济利益、具有实用性并经企业采取保护措施的技术信息和经营信息,员工与企业在劳动合同及公司员工手册中另行规定的从其规定。

本协议所指商业秘密包含乙方已经接触或将接触到的与甲方有关的商业机密,包含双方确认的商业秘密确认单所记载的机密以及其他应当被认定为商业机密的有关信息,具体解释为:

经营信息,包括但不限于:

(1)客户名单、营销计划、采购资料、定价策略;

(2)谈判意图、标底、标书内容、招标底牌;

(3)产品调价方案、合同及效益评估资料、市场开辟和产销策略;

(4)原材料价格、消耗、成本、库存量;

(5)不公开的财务资料、进货渠道;

(6)经营决策、与同行竞争成败的信息、文献、报告及生产计划等。

(7)其他由甲方在包括但不限于员工聘用协议中确认的属于商业秘密范畴的经营信息。

技术信息,包括但不限于:

(1)科研题目、科研进展情况;

(2)科研成果的说明书、计算书、操作规程、技术方案、设计图纸、电路设计、计算机软件等;

(3)关于科技成果在生产中的应用情况,科技成果转化价格、可能成为发明的阶段性科研成果、中长期规划、技改计划;

(4)产品的配方、制作技术、工艺流程、技术诀窍;

(5)具有国内外先进水平的技术改造方案、工艺技术、操作规程;

（6）新技术、新实验、新材料、新产品等；

（7）在设计、实验及开发过程中产生的原始记录、数据、相关资料、图纸等；

（8）试验结果、图纸、样品、样机、模型、模具、操作手册、技术文档等；

（9）涉及商业秘密的业务函电；

（10）引进技术中有保密协议的技术资料；

（11）秘密渠道获得的具有重要参考价值的技术资料；

（12）计算机软件及数据库，以及相关的传递、存储、查阅和加密措施；

（13）虽不属于先进的工艺技术，但属成套的技术资料、图纸、施工方案；

（14）其他由甲方在包括但不限于员工聘用协议中确认的属于商业秘密范畴的经营信息。

战略性资料，包括但不限于甲方及其关联企业的股东会资料、董事会资料及其公司内部的决策性资料。

2. 乙方依照法律规定（如在缔约过程中知悉的对方当事人的秘密）和有关协议的约定（如技术协议等）对外履行保密义务的事项也应纳入保密协议的范围。

3. 上述资料无论以何种形式或载于何种载体,无论在披露时双方以口头、图像或以书面方式表明其具有保密性,均不影响该资料的保密性认定。

☞小贴士

我们在签订竞业限制协议时,一定要注意协议中所明确的保密范围,如果相关范围约定过大,就会加重员工的保密责任。

第二条　乙方的保密义务

对本协议第一条所称的商业秘密,乙方履行以下保密义务:

1. 不得向不履行保密义务的任何第三方披露甲方的商业秘密。

2. 不得允许(出借、赠与、出租、转让等处置甲方商业秘密的行为皆属于"允许")或协助不履行保密义务的任何第三方使用甲方的商业秘密。

3. 如发现商业秘密被泄露或者因自己的过失泄露商业秘密,应当采取有效措施,以防止泄密事件进一步扩大,并及时向甲方报告。

4. 在商业秘密的个别部分或个别要素已被公知,但商业秘密的其他部分或整体尚未成为公共知识,在商业秘密没有丧失价值的情况下,乙方应履行仍属秘密信息部分的保密义务,不得使用该部分信息或诱导第三方通过收集公开信息以整理出甲方的商业秘密。

5. 乙方因职务上的需要所持有或保管的一切记录甲方秘密信息的文件、资料、图表、笔记、报告、信件、传真、磁带、磁盘、仪器等其他任何形式的载体,均归甲方所有,无论这些秘密信息有无商业上的价值。

6. 乙方应当于离职时,或者于甲方提出要求时,返还全部属于甲方的财物和载有甲方秘密信息的一切载体,不得将这些载体及其复制件擅自保留或交给其他任何单位或个人。乙方在离职时应将上述信息载体返还给甲方,并与甲方进行书面的工作和财物交接。

7. 鉴于乙方在职期间获得的甲方商业秘密对甲方在市场竞争中的重要作用及巨大价值,及乙方确认这些商业秘密(包括乙方的职务成果)的所有权及知识产权归属于甲方,乙方在离开甲方(无论何种原因离开,包括辞职、辞退、除名或合同期满等)后保证自己保守甲方商业秘密,并保证:

(1)不直接或间接地使用或帮助他人在与甲方及其关联企业竞争的领域内使用甲方商业秘密;

（2）不直接或间接地劝诱或帮助他人劝诱甲方内掌握商业秘密的员工离开甲方。

☞小贴士

有些保密协议如示例中的前述条款，除了约定对商业秘密的保密责任外，也会约定如禁止劝诱或帮助其他员工离职等内容，而这些内容需要我们在签订时予以充分关注。

第三条　知识产权保护与归属

1. 乙方承诺，在为甲方履行职责时，不得擅自使用任何属于他人的技术秘密或其他商业秘密信息，亦不得擅自实施可能侵犯他人知识产权的行为。

2. 若乙方违反上述承诺而导致甲方受第三方的侵权指控时，乙方应当承担甲方因被指控侵权而支付的一切费用。对于由此产生的损失（包括但不限于甲方的实际损失、可得利益的损失、承担的侵权赔偿责任及支出的诉讼费、调查费、律师费等），甲方有权向乙方追偿，该损失可以从乙方的工资报酬、年度奖金、提成分红及各种补贴等福利中扣除。

3. 乙方任职期间（包括离职之日起一年内），因履行职责或者主要利用甲方的物质技术条件、业务信息或便利等做出的职务成果(包括但不限于发明创造、外观设计、技术诀窍、产品、作品或其他形式的智力成果),相关的所有权、知识产权均属于甲方享有,乙方对应归属于甲方的上述职务成果有保密义务,并遵从本合同保密义务的具体规定。

☞小贴士

员工对于基于职务创造的再发明、再创造所产生的违约责任是容易忽视的。大多数公司在约定保密责任时都会如示例中的条款,对职务创造所产生的知识产权进行严格的保密义务约定。

第四条　保密期限

甲、乙双方确认,乙方的保密义务自甲方对本协议第一条所述的商业秘密采取适当的保密措施并告知乙方时开始,到该商业秘密公开时止。乙方是否在职,不影响保密义务的履行。

乙方的聘期终止时,乙方必须将自己持有的涉及本协议项下甲方商业秘密的所有资料交还甲方。由双方共同交接完毕,签订确认工作交接清单。

第五条　违约责任

甲、乙双方约定:

1. 如果乙方不履行本协议第二条所规定的保密义务,应当承担违约责任,一次性向甲方支付违约金。本公司规定乙方须支付甲方的违约金金额为5万元(人民币)。若违反本合同但未造成泄密的,支付违约金500—1 000元(人民币);因乙方个人过失造成泄密的,支付违约金1万元(人民币)。

2. 如果乙方有前款所称的违约行为而造成甲方损失的,乙方还应当承担赔偿责任。

3. 前款所述损失赔偿额按照如下方式计算:

(1)损失赔偿额为甲方因乙方的违约行为所受到的实际经济损失。计算方法是:第一,经营损失,如果乙方的侵权行为导致甲方的产品销售数量下降,那么其销售数量减少的总数乘以每件产品利润所得之积为损失赔偿款;第二,无形资产(包含所购软件和其他知识产权)的损害赔偿,将该无形资产的估值或甲方购买该无形资产所支出的费用或甲方所支付的有关无形资产的使用费以及甲方向无形资产授权方所支出的因乙方侵权行为而导致的赔偿金等甲方的实际经济损失作为损失赔偿款。

(2)如果甲方的损失依照前款所述的计算方法难以计算,损失赔偿额为乙方因违约行为所获得的全部利益。计算方法是:乙方因违约行为直接关联的产品获得的利润乘以在市场上销售的总数所得之积,或者以不低于甲方商业秘密许可使用费的合理数额作为损失赔偿额。

（3）甲方因调查乙方的违约行为而支付的合理费用,应当包含在损失赔偿额之内。

4. 乙方的违约行为侵犯了甲方的商业秘密权利的,甲方可以选择根据本协议要求乙方承担违约责任,或者根据国家相关法律法规要求乙方承担侵权责任。

第六条　争议的解决办法

因执行本协议而发生纠纷,可以由双方协商解决或者共同委托双方信任的第三方调解。协商、调解不成或者一方不愿意协商、调解的,任何一方都可以向甲方所在地的人民法院提起诉讼。

第七条　协议的效力和变更

本协议自双方签字后生效。本协议的任何修改必须经过双方的书面同意。

第八条　其他

本协议附件作为本协议不可分割的一部分,与本协议具有同等法律效力。

本协议一式两份,甲、乙双方各持一份,具有同等法律效力。

（以下无正文）

（本页为签字页，无正文）

甲方（企业）：＿＿＿＿＿＿＿＿＿＿＿＿＿＿＿＿＿＿＿＿＿

住址：＿＿＿＿＿＿＿＿＿＿＿＿＿＿＿＿＿＿＿＿＿＿＿＿＿＿＿

法定代表人：＿＿＿＿＿＿＿＿＿＿＿＿＿＿＿＿＿＿＿＿＿＿＿＿

联系电话：＿＿＿＿＿＿＿＿＿＿＿＿＿＿＿＿＿＿＿＿＿＿＿＿＿

签署日期：＿＿＿＿＿年＿＿＿＿＿月＿＿＿＿＿日

乙方（员工）：＿＿＿＿＿＿＿＿＿＿＿＿＿＿＿＿＿＿＿＿＿＿＿

住址：＿＿＿＿＿＿＿＿＿＿＿＿＿＿＿＿＿＿＿＿＿＿＿＿＿＿＿

身份证号码：＿＿＿＿＿＿＿＿＿＿＿＿＿＿＿＿＿＿＿＿＿＿＿＿

职务：＿＿＿＿＿＿＿＿＿＿＿＿＿＿＿＿＿＿＿＿＿＿＿＿＿＿＿

联系电话：＿＿＿＿＿＿＿＿＿＿＿＿＿＿＿＿＿＿＿＿＿＿＿＿＿

签署日期：＿＿＿＿＿年＿＿＿＿＿月＿＿＿＿＿日

附 录

相关文书

商业秘密确认单

确认人：	所属部门：		
说明	1. 基于履行职责的需要,确认人已经了解或收到本表中的相关信息; 2. 下列事项均为公司商业秘密,确认人应按照公司规章制度及双方约定履行保密义务。本表所列之外的,依据公司规章制度及双方约定属于商业秘密的,确认人亦应履行保密义务; 3. 本表中的客户为公司专有客户,相关材料中的知识产权均归公司所有。		
客户信息			
其他秘密信息与材料			
备注			
确认	★上述信息本人已知悉,相关材料已收到,本人将依据公司规章制度与双方约定履行保密义务。 ★本人承诺不会私下和公司客户进行(直接或间接)与公司有竞争或有利益冲突的业务,即使在本人离职之后亦应履行。 签名： 年　　　月　　　日